Bernhard Hülsebusch

VATIKAN
VON INNEN

Bernhard Hülsebusch

VATIKAN
VON INNEN

EIN RUNDGANG
DURCH DIE STADT
DES PAPSTES

STYRIA

Die Farbbilder, einschließlich des Umschlagbildes,
wurden freundlicherweise vom L'Osservatore Romano
zur Verfügung gestellt.

Die Deutsche Bibliothek – CIP-Einheitsaufnahme
Hülsebusch, Bernhard:
Vatikan von innen : ein Rundgang durch die Stadt des Papstes /
Bernhard Hülsebusch. – Graz ; Wien ; Köln : Verl. Styria, 1997
ISBN 3-222-12497-3

Printed in Germany
Umschlaggestaltung: Graphic Pirker, Graz
Satz: Verlag Styria, Graz
Druck und Bindung: Ebner Ulm
ISBN 3-222-12497-3

INHALT

Alle Wege führen nach Rom, hieß es anno dazumal, als die Ewige Stadt noch der Nabel der Welt war. Lang, lang ist's her. An politischer und wirtschaftlicher Bedeutung haben andere Metropolen Rom weit überflügelt. Zudem ist es aus der Mode gekommen, vom „christlichen Abendland" zu sprechen, dessen Mittelpunkt Rom gewesen ist. Dennoch: Für alle Europäer mit einem Sinn für Geschichte und Kultur bleibt die Tiberstadt ein Reiseziel ersten Ranges. Wegen ihrer großartigen steinernen Zeugnisse aus der Antike, dem Mittelalter, dem Barock, wegen ihrer Kirchen und Kunstschätze. (Die Fans der italienischen Küche indes brauchen nicht bis Rom zu reisen, sie können im Norden des Stiefelstaats besser schlemmen.) Für die Katholiken ist und bleibt Rom vor allem der Sitz des Papstes, die Stadt, die den Vatikan umschließt.

Kein Rombesucher, der den Petersdom und die Vatikanischen Museen ausläßt. Und mancher Tourist mag glauben: Damit hat sich's – weil er annimmt, alles andere im Vatikan sei tabu, sei nicht zugänglich. Falsch. Die Gräber unter und die Gärten hinter der Peterskirche zum Beispiel kann man mit einer Führung durchaus besichtigen. Auf den stimmungsvollen „teutonischen" Friedhof im Schatten des gewaltigen Doms kommt man ohne lange Umstände. Außerdem: Unzählige Gläubige kennen die Audienzhalle, wo sie den Papst aus nächster Nähe erlebten.

Machen wir uns also auf zu einer Art Spaziergang durch den Zwergstaat Vatikan. Wobei das vorliegende Büchlein als Vademecum dienen soll. Es ist eine teils reale, teils imaginäre Informationstour – real, weil man vieles, wie erwähnt, ja durchaus in Augenschein nehmen kann, und imaginär, weil so manches hinter dicken Mauern versteckt bleibt. Um einen „Rundgang" handelt es sich nur im übertragenen Sinne. Nach Besichtigung der Gräber unter dem Petersdom beispielsweise kann man nicht einfach in die Audienzhalle hinübergehen. Denn sie wird nur zu Generalaudienzen in der kühlen Jahreszeit benützt, und auch dann müssen sich die interessierten Pilger möglichst schon ein paar Tage vorher Eintrittskarten besorgen. Oder: Gewöhnliche Sterbliche, die an einer Führung durch die Vatikanischen Gärten teilnehmen, müssen am Ende zurück zum Petersplatz; sie können nicht ausscheren und sozusagen hintenherum in den anderen Teil der Vatikanstadt gelangen. Gleichwohl schildert das Buch nacheinander die wichtigsten Bauten und Einrichtungen der Vatikanstadt – so als ob es Etappen auf einem Rundgang wären. Auf der beigefügten Karte sind die erwähnten Sehenswürdigkeiten mit Ziffern markiert; im Anhang findet der am Vatikan interessierte Rombesucher einige praktische Hinweise.

Bei der Abfassung des vorliegenden Buches hat mich vor allem Benedikt Steinschulte vom Päpstlichen Rat für soziale Kommunikationsmittel (kurz: Medienrat) mit Rat und Tat unterstützt, wofür ich ihm nachdrücklich danke. Mein Dank gilt ferner Matthias Kopp und Sigrid Spath in Rom.

1. KAPITEL

Vor Sankt Peter:
Wenn der Obelisk erzählen könnte ...

Unser Rundgang beginnt auf der Piazza San Pietro, dem imposantesten Platz der Ewigen Stadt. Berninis Kolonnaden begrenzen ihn. Mittendrin ein antiker Monolith. „Wenn der Obelisk erzählen könnte ...", sagte vor Jahren ein deutscher Jesuitenpater, der die Geschichte von Sankt Peter und Umgebung bestens kannte. Ja, diese Skulptur könnte viel erzählen. Ein römischer Präfekt hatte den aus Heliopolis stammenden Obelisken einst in Alexandria aufstellen lassen. Kaiser Caligula brachte ihn nach Rom, um damit seinen Zirkus am Abhang des vatikanischen Hügels zu schmücken. Der Stein war gewissermaßen Zeuge, als – der Überlieferung zufolge – an dieser Stätte im Jahr 64 oder 67 n. Chr. der Apostel Petrus und seine Gefährten das Martyrium erlitten. Deshalb erhielt der Obelisk in den Augen der Christen eine fast symbolische Bedeutung. 1585 dann beschloß Papst Sixtus V., ihn auf dem Platz vor der (damals noch im Bau befindlichen) Peterskirche aufzustellen.

Das Problem, den 25 Meter hohen Monolith von seinem Standort zu entfernen und an anderer Stelle wieder zu errichten, war Ende des 16. Jahrhunderts ebenso schwierig zu lösen wie einst zur Zeit von Caligula. Warum? Weil in diesem Spezialfall die Ingenieurkunst seit der Antike kaum Fortschritte gemacht hatte. Und weil keine Angaben darüber vorlagen, welche Methoden die alten Römer angewandt hatten. Der Papst gab den Auftrag an den Architekten Domenico Fontana. Er entwarf ein hohes Holzgerüst, in dessen Innerem der Obelisk mit Hilfe von Seilen, Rollen und Hebeln von seiner Basis abgehoben und dann waagrecht auf eine mit Rollen versehene Plattform gelegt werden sollte. Am neuen Standort angelangt, sollte dort dieselbe Operation in umgekehrter Reihenfolge vonstatten gehen. Im Frühjahr und Sommer 1586 wurde das heikle Vorhaben mit Hilfe von 800 Arbeitern und 140 Pferden verwirklicht. Tausende von Römern nahmen staunend Anteil. Schon die Abhebung des Obelisken vom alten Fundament, schreibt Oreste Ferrari in seinem Buch über die Kunstschätze des Vatikans, „bot ein Schauspiel von höchster Dramatik; die Luft war erfüllt vom Knarren der Seile, vom Kreischen der Winden, dem Keuchen der Arbeiter und dem Schnauben der Pferde. Erst als der Koloß sich endlich bewegte und aufwärts schwebte, löste sich die atemlose Spannung in einem einzigen Jubelschrei der Volksmenge, dem der Kanonendonner der Geschütze auf der Engelsburg und alle Glocken Roms antworteten."

Auf der rollenden Plattform wurde der antike Monolith an seinen neuen Standort transportiert. Am 14. September 1586 erfolgte die Wiederaufrichtung; abermals drängte sich das Volk vor der Basilika. Um die Techniker nicht zu stören, hatte man der Menge strenges Schweigen befohlen. Und wieder herrschte große Nervosität; auf dem Riesenplatz hörte man nur die Kommandorufe von Domenico Fontana, das Geräusch der Winden und Rollen, das Keuchen der Arbeiter und das Schnauben der Pferde. Doch plötzlich, so besagt eine Legende, schrie einer der Zuschauer auf: ein Matrose, der bemerkt hatte, daß die extrem gespannten Seile zu zerreißen drohten und eine Katastrophe unabwendbar schien. „Wasser auf die Seile, sonst reißen sie!" Dieser Rat wurde eilig befolgt, die Gefahr war gebannt. Der Papst verzieh dem Matrosen, daß er das Schweigegebot gebrochen hatte. Als die stundenlange Operation schließlich vollendet war und das antike Denkmal wieder kerzengerade stand, brach Freudentaumel bei den Arbeitern und beim Volk aus.

Der Obelisk steht auf einem Sockel. Dessen vier Seitenflächen tragen lateinische Inschriften, in denen die Kirche Christi und ihr Sieg über den Unglauben gepriesen wird. Gestützt wird der Obelisk von vier bronzenen Löwen. An der Spitze der Steinnadel ließ Papst Alexander VII. im 17. Jahrhundert ein Reliquiar mit einem Splitter vom Kreuz Christi anbringen.

Doch zurück in die Zeit der Obelisken-Aufstellung: In jenen Jahren wurde auch die von Michelangelo entworfene Kuppel der Peterskirche vollendet. Und bald darauf widmeten sich die Verantwortlichen im Vatikan einer neuen Aufgabe: Es galt, der Basilika eine würdige Fassade zu geben. Damit begann ein neues Kapitel in der Geschichte des Petersplatzes. Einer Piazza, die dann durch Gian Lorenzo Berninis Kolonnaden ihre Prägung erhielt. 1657 präsentierte der geniale Barockbaumeister den Plan eines ellipsenförmigen Platzes mit zwei monumentalen Brunnen. Der Obelisk war gewissermaßen Zeuge der nun folgenden Bauphase. Berninis Kolonnadengang besteht aus 284 dorischen Säulen und 88 Pfeilern aus Travertin. Unter Einschluß des Gebälks und des Daches ragt die Kolonnade 21 Meter hoch empor; 96 überlebensgroße, marmorne Heilige blicken von oben auf den Platz herab.

Trotz der gigantischen Ausmaße wirkt die Gesamtanlage harmonisch. Und welch eine symbolische Bedeutung hat diese Piazza! Der Petersplatz, schwärmt Reinhard Raffalt in seinem Buch „Fantasia Romana", ist „das Forum Romanum der Christenheit, der Versammlungsort der

freien Bürger des Gottesreiches, der Schauplatz von Haupt-
und Staatsaktionen, die in den Sphären des Himmels ihre
Konsequenzen haben, die letzte Station auf dem Wege der
christlichen Via Sacra, eine Weiterführung des römisch-
antiken Weltbaues unter dem Zeichen des kreuztragenden
neuen Jupiter Christus, der über ihm regiert". Nicht zufällig, meint Raffalt, glaubt man in Rom seit langer Zeit, daß
die erzene Kugel an der Spitze des Obelisken das Herz
eines Mannes enthält, „von dem der Bau des römischen Erdkreises seinen Ausgang nahm: das Herz von
Gaius Julius Caesar".

2. KAPITEL

Die bedeutendste Kirche der Welt:
Der Petersdom

San Pietro in Vaticano – eine Kirche der Superlative. Imposant wie die Überfülle ihrer Kunstwerke sind die Abmessungen dieser größten Kathedrale der Welt: 186 Meter lang, bis zum Stuckgewölbe 44 Meter und bis zum Kreuz über der Kuppel 136 Meter hoch, bedeckt der Dom eine Fläche von 15.160 Quadratmetern. In seinem Inneren finden 60.000 Menschen Platz. Außer dem Hauptaltar gibt es in Sankt Peter 29 Seitenaltäre und 23 Papst-Grabmäler. Dem gewaltigen Eindruck, den der von Michelangelos Kuppel gekrönte Gesamtbau macht, kann sich kein Betrachter ganz entziehen. Gewiß, auf manche Christen wirkt der Petersdom irgendwie kalt und befremdlich – gerade weil er so überwältigend groß ist (weshalb er schwerlich Andachtsstimmung aufkommen läßt) und weil er die mächtige, triumphierende Kirche symbolisiert, mit der man sich heute ungern identifiziert. Protestantische Christen mögen überdies daran denken, wieviel Geld die Päpste anno dazumal mit zweifelhaften Methoden – wie dem Ablaßhandel – auch in deutschen Landen eintrieben, um den Riesenbau zu finanzieren. Gründe genug also, wenn etliche Besucher nicht mit ehrfürchtigem Schauder, sondern mit einer gewissen inneren Distanz auf das Gotteshaus zugehen. So als handle es sich bloß um ein Museum. Sei's drum. Aber Vorsicht: Man sollte diesen Dom und das ihm zugrundeliegende Konzept nicht nach den Kriterien von „Kirche heute" beurteilen, sondern nur im historischen

Zusammenhang. Sankt Peter ist ein Markstein in der zweitausendjährigen abendländischen Kulturtradition.

Zunächst ein kurzer Rückblick auf die Baugeschichte. Bis ins 16. Jahrhundert hinein stand an der Stelle der jetzigen Peterskirche eine Basilika, die Kaiser Konstantin der Große über dem Grab des Apostels Petrus hatte errichten lassen. Diese Kirche, in der Karl der Große zum Kaiser gekrönt worden war und das „Heilige Römische Reich deutscher Nation" seinen Anfang nahm, verfiel mit der Zeit so sehr, daß die Päpste am Ende des Mittelalters eine Erneuerung planten. Julius II. ließ das Gebäude abbrechen. Im Jahr 1506 begann der von ihm beauftragte Bramante mit dem Neubau. Später folgten andere Architekten und Baumeister. 1547 übernahm der geniale Michelangelo die Leitung. Er entwarf vor allem die Kuppel und stellte bis zu seinem Tod immerhin deren zylindrischen Unterbau, den Tambour, fertig. 1588–1590 vollendete Giacomo della Porta die „cupola". Im frühen 16. Jahrhundert baute dann Carlo Maderna an der Basilika weiter und schuf die (nicht sonderlich geglückte) Fassade. So konnte Papst Urban VIII. im November 1626 die Domweihe vornehmen.

Die *Fassade* von Sankt Peter ist durch korinthische Säulen gegliedert. Dazwischen liegt unten die Vorhalle, darüber ein Obergeschoß mit Portalen. Unter dem dreieckigen Giebel in der Mitte befindet sich die *Loggia*, Millionen Fernsehzuschauern in aller Welt wohlbekannt: Von hier aus nämlich erteilt der Papst zu Ostern und Weihnachten den Segen „Urbi et Orbi". Und von der Loggia verkündet der erste der Kardinaldiakone nach einer Papstwahl feierlich den Namen des neuen Pontifex. So geschah es zuletzt am frühen Abend des 16. Oktober 1978. Auf dem Petersplatz wartete damals gespannt die Menge. Als Kardinal Felici, stilgerecht auf lateinisch, die Wahl von Karol Wojtyla zum

Papst mitteilte, vergingen ein paar lange Sekunden, bevor die Römer verdutzt Beifall klatschten. Warum verdutzt? Weil sie zunächst, bei dem undeutlich ausgesprochenen Namen Wojtyla, nur soviel begriffen: Das ist kein Landsmann. Vielleicht ein Afrikaner? Oder woher sonst? Bald darauf wußte man's: Mit Karol Wojtyla würde erstmals ein Pole den Stuhl Petri besteigen.

Die *Vorhalle* der Peterskirche ist eine typische Schöpfung des römischen Frühbarock. Links ein Reiterstandbild Karls des Großen, rechts (hinter einer Glastür) eine von Bernini geschaffene, wildbewegte Reiterstatue Kaiser Konstantins: Sie stellt den Herrscher in jenem legendären Augenblick dar, da ihm die Vision des Kreuzes den Sieg ankündigt. In der Mitte des Marmorfußbodens erinnert eine Inschrift an die Eröffnung des Zweiten Vatikanischen Konzils 1962. Fünf Portale mit Bronzeflügeln führen ins Innere des Doms. Bemerkenswert ist das noch aus der alten Basilika stammende *Mittelportal*, das früheste Renaissance-Kunstwerk in Rom. Ein anderes, 1964 eingeweihtes Tor stammt von dem bedeutenden italienischen Bildhauer Giacomo Manzù. Die letzte Pforte rechts, die zugemauerte *Porta Santa*, wird nur alle 25 Jahre, zu Beginn eines Heiligen Jahres (demnächst wieder im Jahr 2000) vom Papst selber geöffnet und nach 12 Monaten wieder geschlossen.

Der Grundriß der Peterskirche ist ein lateinisches Kreuz: ihr Langhaus ist länger als das Querhaus. Im Mittelschiff des Langhauses, das in der Apsis endet, fanden 1962–1965 die Sitzungen des Zweiten Vatikanischen Konzils statt, das eine tiefgreifende Erneuerung der Kirche in Gang brachte.

Bei unserem Rundgang beginnen wir im linken Seitenschiff. Die sogenannte *Taufkapelle* dort enthält als Taufbecken eine antike rote Porphyrschale, die einst, im 10. Jahrhundert, vermutlich den Sarg Kaiser Ottos II. umschloß.

Schräg gegenüber die von Canova geschaffene klassizisti-
sche *Grabstele der Stuart*, ein Denkmal für die einstige
Herrscherdynastie von Schottland und England, die seit
1689 in Rom im Exil lebte und hier ausstarb. In der zweiten
Kapelle sieht man rechts ein Bronzerelief, das Papst Johannes XXIII. mit den zum Konzil versammelten Bischöfen
zeigt. Ein Stück weiter, und wir gelangen in das Querhaus,
also den von Bramante und Michelangelo entworfenen Teil
der Peterskirche.

Bemerkenswert ist hier die sogenannte *Klementinische
Kapelle* mit dem Altar Gregors des Großen – dieser reforme-
rische Pontifex aus dem 6. Jahrhundert ist in einem römischen Sarkophag beigesetzt. Im linken Arm des Querschif-
fes sehen wir 12 Beichtstühle, in denen die Beichte in verschiedenen Sprachen abgenommen wird. An der *Kapelle der
Säulenmadonna* vorbei, in der man ein altes Marienbild verehrt, kommen wir in die Apsis. Sie wird beherrscht von der
Cathedra Petri, einem Meisterwerk Berninis. Was stellt es
dar? Vier bronzene Bischofsfiguren (nämlich zwei griechische und zwei lateinische Kirchenväter) umringen einen
in den Wolken schwebenden Thron, der in seinem Inneren
jenen Holzstuhl birgt, auf dem – so besagt die Überlieferung – Petrus saß und die christliche Lehre predigte. Über
der Cathedra leuchtet, in einem Glasfenster, der Heilige
Geist in Gestalt einer Taube – inmitten eines Kranzes von
Engeln, Wolken, Strahlen. Für dieses gewaltige Werk benötigte man nicht weniger als 121 Tonnen Bronze.

Rechts von der Cathedra ein weiteres Opus von Bernini:
das *Grabmal* seines Gönners *Urbans VIII*. Die majestätische
Bronzestatue, die den Pontifex segnend mit prächtigen
Gewändern und der Tiara darstellt, ist eine besonders
anschauliche Verkörperung des sieghaften Papsttums der
Barockzeit.

Im Zentrum des Kuppelraumes steht der *Hauptaltar*, auch als Papstaltar bezeichnet, weil an ihm nur der Pontifex das Hochamt zelebrieren darf. Altar der Confessio nennt man ihn auch. Unter *Confessio* (Bekenntnis) versteht man seit dem frühen Christentum die Grabstätte der Märtyrer ebenso wie den Ort, an dem die Gläubigen zu dem Märtyrer beten und sich zum selben Glauben bekennen. Die Confessio ist somit die symbolträchtige Mitte des Doms: der Altar über dem – mutmaßlichen – Grab Petri. Eine für Besucher nicht zugängliche Marmortreppe führt in die hufeisenförmige, von oben gut zu überblickende Krypta; an der Brüstung brennen 70 kleine, vergoldete Öllampen zu Ehren des Apostelfürsten. Über dem Altartisch, einem Marmorblock aus der Kaiserzeit, erhebt sich in mächtigen Ausmaßen der barocke *Baldachin*, der bis zur Spitze des Kreuzes 29 Meter hoch ist. Den Auftrag zu dem Werk erhielt der junge Bernini 1624 von Papst Urban VIII. aus der Familie Barberini. Der Künstler ersann ein völlig neuartiges, originelles Gebilde in Anlehnung an die schon im alten Orient üblichen Baldachine. Er wollte aus Holz, Marmor und Metallen ein kostbares Zeltdach mit Fransensaum nachbilden und es auf vier gewundene, mit Weinrankenreliefs geschmückte Säulen aufsetzen. Dabei mußten Bernini und seine Mitarbeiter ungewöhnliche technische Probleme lösen. Extrem schwierig war vor allem der Bronzeguß der Säulen. Und: Woher sollte man all die Bronze nehmen? Bernini und sein „Chef", der Papst, fakkelten nicht lange: Sie ließen hemmungslos die bronzenen Deckenstützen aus der Vorhalle des antiken Göttertempels Pantheon herausreißen. Eine Tat, die weithin Ärger erregte und deretwegen man in Rom über die Papst-Familie stichelte: „Was die Barbaren nicht schafften, das schafften die Barberini." 1633 weihte der Pontifex den Baldachin ein.

Über der Confessio wölbt sich die *Kuppel* Michelangelos, ein architektonisches Wunderwerk. Als der Renaissance-künstler 1564 starb, war (wie schon erwähnt) erst der Tambour fertiggestellt. Nach langer Pause hat man 1588, auf Betreiben von Sixtus V., die Bauarbeiten wieder aufgenommen, nun aber im Eiltempo: In nur 22 Monaten wurde mit Hilfe eines riesigen Gerüstes die „cupola" errichtet. Dabei arbeiteten 800 Maurer in Schichten; sie schafften sogar nachts, bei Fackelschein. In den Zwickeln zwischen den Bogen sieht man in Mosaik-Medaillons die Evangelisten Markus, Lukas, Matthäus und Johannes. Alles in übergroßen Dimensionen: Die Feder in der Hand des Markus beispielsweise ist fast zwei Meter lang. In den Fries an der Basis der Kuppel sind, natürlich auf lateinisch, mit blauen Mosaik-Lettern jene berühmten Bibelworte eingeschrieben, die übersetzt besagen: „Du bist Petrus, und auf diesen Felsen werde ich meine Kirche bauen ... Ich werde dir die Schlüssel des Himmelreiches geben."

Mosaiken (nach Kartons des Cavaliere d'Arpino) bedecken die gesamte Innenfläche der Kuppel. Die Themen? Der unterste Kreis zeigt jene heiliggesprochenen Päpste, die in der Peterskirche bestattet sind, der nächste Kreis Jesus, Maria und Johannes den Täufer, Paulus und die zwölf Apostel, darüber vier Reihen von Engeln, und ganz oben, im sogenannten Laternenauge, das Bild Gottvaters. Beim Blick in die Kuppel hinauf ist schon so mancher Kenner Roms oder Reiseschriftsteller ins Schwärmen geraten. Jacob Burckhardt beispielsweise, der schrieb: „Hauptsächlich das harmonische Zusammenwirken der zum Teil so ungeheuren Kurven verschiedenen Ranges, welche diese Räume um- und überspannen, bringt (wie ich glaube) jenes angenehm traumartige Gefühl hervor, welches man sonst in keinem Gebäude der Welt empfindet und das sich mit einem ruhigen Schweben vergleichen läßt."

Im linken Querschiff der Basilika (links, wenn wir von der Confessio kommen) fand 1869/70 das Erste Vatikanische Konzil statt, bei dem man das Dogma der päpstlichen Unfehlbarkeit verkündete. Ein Blick nun, im Hauptschiff des Doms, auf die riesigen *Stützpfeiler* der Kuppel. In ihren Sockeln liegen Nischen mit barocken Heiligenfiguren, die mit Reliquien dargestellt sind. Von der Confessio kommend, sehen wir am linken Pfeiler den heiligen Longinus von Bernini. Er ist für Besucher ein wichtiger „Wegweiser". Denn just hier beginnt der Zugang zu den *Vatikanischen Grotten*. Ein Exkurs in die Grotten lohnt sich. Denn dort sind mit Ausnahme von Pius X. alle Päpste unseres Jahrhunderts bestattet. Vor dem Marmorsarg von Johannes XXIII., dem „papa buono", den die Italiener sehr liebten, knien oftmals betende Gläubige. Die Grotten haben immer wieder auch prominente „Nordlichter" unter den Kirchenbesuchern angelockt. Etwa den preußischen Gesandten Kurd von Schlözer, der am 29. Juni 1864, dem Feiertag von Sankt Peter und Paul, der vom Papst zelebrierten Messe beiwohnte und tags darauf schrieb:

„Ich stieg dann mit Gregorovius in die Vatikansgrotten ... In dieser Unterwelt, die prachtvoll erleuchtet war, drängten sich große Menschenmassen zwischen den Sarkophagen, in denen die alten Päpste, Bischöfe und Fürsten ruhen. Die entgegengesetztesten Nationalitäten, die verschiedensten Jahrhunderte reichen hier einander die Todeshand. Auch am Grabmal der Christine von Schweden zieht man vorüber. Durch ihren Übertritt zur ,rechtgläubigen' Kirche hat sie sich für alle Zeiten Bewunderung bei der römischen Geistlichkeit gesichert. Nachbar Christinens ist unser Kaiser Otto II., welcher 28 Jahre alt war, als er in

Rom starb und eine Welt von kühnen, ritterlichen Plänen mit ins Grab nahm. Er ist der einzige deutsche Kaiser, der in Rom die ewige Ruhestätte gefunden hat ... Nicht weit von ihm entfernt liegt Gregor V., der erste Deutsche, den die päpstliche Krone schmückte. So geht man in diesen Totengewölben an allen Phasen der christlichen Geschichte Roms vorüber."

Zurück ins Hauptschiff der Basilika, zurück zum Longinus-Pfeiler. Dort nämlich befindet sich auch die berühmte *Bronzestatue des thronenden Petrus*, die vermutlich im 13. Jahrhundert in Anlehnung an Vorbilder der Antike entstand. Ist sie ein Werk Arnolfo di Cambios? Gut möglich. Das sakrale Kunstwerk ist schon im Spätmittelalter vom Volk verehrt worden. Wie sich diese Verehrung mitunter noch zu Beginn unseres Jahrhunderts manifestierte, zeigt ein extra für Pilger geschriebener, alter Rom-Führer, in dem es heißt: „Um den Ablaß zu gewinnen, küssen wir den vorgestreckten Fuß der Statue und berühren ihn mit der Stirne." Tatsächlich ist der rechte Fuß des Petrus durch millionenfache Küsse stark abgescheuert.

Unser Rundgang führt nun zu einer Kapelle mit dem Denkmal Gregors XIII., jenes gelehrten Pontifex, der 1582 den noch heute gültigen Kalender einführte. Es folgt die *Sakramentskapelle* und, am Pfeiler gegenüber, das *Grabmal der Gräfin Mathilde von Tuszien*. Ihr Name ist mit einem berühmten historischen Ereignis verbunden – Stichwort Canossa, Januar 1077. Auf dem Sarg mit der irdischen Hülle der frommen Gräfin kniet der Kaiser Heinrich IV. zu Füßen von Gregor VII.: Der Papst hatte den deutschen Herrscher aus der Kirche ausgeschlossen, und der Kaiser war gezwungen, ihm in Mathildes Burg Canossa demütig Abbitte zu leisten. Auch das Denkmal am nächsten Pfeiler von Sankt Peter erinnert an eine, wenn auch weniger bedeutsame geschichtliche Figur: an die *Königin Christine von Schweden* aus dem 17. Jahrhundert. Sie verzichtete auf den Thron und konvertierte vom lutherischen Glauben zum Katholizismus. Auf dem Sarg ist ihr Konfessionswechsel 1655 im Innsbrucker Dom dargestellt. Königin Christine starb später in Rom, wo man sie in den vatikanischen Grotten beisetzte.

In der letzten Kapelle des Seitenschiffs erwartet uns das bedeutendste künstlerische Werk der Petersbasilika – Michelangelos *Pietà*. Die aus einem einzigen Marmorblock gehauene Plastik zeigt Maria mit dem Leichnam Christi im Schoß. Michelangelo war erst 23 Jahre alt, als er im Sommer 1498 vom französischen Gesandten in Rom, einem Kardinal, den Auftrag zu der Skulptur erhielt, die er im Jahr 1500 fertigstellte. Bei dem Thema der trauernden Gottesmutter, die den Leichnam ihres Sohnes auf dem Schoß hält, wurde der geniale Toskaner wohl von Andachtsbildern des späten Mittelalters angeregt. Auch in stilistischen Details erinnert die „Pietà" an ältere Vorbilder. So verweisen Mimik und Linienführung der beiden Antlitze nach Meinung der Kunsthistoriker auf Leonardo da Vinci. Trotz dieser Inspiration, schreibt Oreste Ferrari zu Recht, „besitzt das Kunstwerk bereits den unverwechselbaren Charakter der Schöpfungen Michelangelos: die maßvolle Monumentalität der Komposition und eine Sensibilität, die in der konkreten Gestaltung der Trauer über die Dimensionen menschlichen Empfindens hinausgeht". Die „Pietà" schmückte zunächst einen Altar in der Kirche S. Petronilla, die sich in nächster Nähe der vatikanischen Basilika befand und unter der Schirmherrschaft des französischen Hofes sowie des in Rom residierenden französischen Klerus stand. Erst im 18. Jahrhundert kam das Opus nach Sankt Peter. Die „Pietà" ist das einzige signierte Werk

Michelangelos; sein Name erscheint auf dem Band über der linken Schulter der Marienfigur. 1972 wurde die Skulptur schwer beschädigt: Ein Verrückter stürzte sich auf die Statue und schlug mit einem Hammer auf sie ein, bevor man ihn stoppen konnte. In der Werkstatt der Vatikanischen Museen wurde das Werk gut restauriert; seither ist es im Petersdom durch eine Glaswand vor „Angreifern" geschützt. Und Millionen Besucher bewundern dieses Kunstwerk von vollendeter Harmonie.

3. KAPITEL

Vom Kirchenstaat zum SCV:
Die Entstehung des Vatikanstaates

Die Peterskirche im Rücken, gehen wir über die breiten Stufen hinab nach rechts, zum *Arco delle Campane*, dem Glockenbogen. Genaugenommen sind wir hier längst auf dem Territorium des Papstes: Eine weiße Linie auf dem Petersplatz markiert die Grenze zwischen Italien und dem Vatikanstaat; wer auf Sankt Peter zugeht, überschreitet diese Grenze, ohne es zu merken. Erst am Glockenbogen (oder den vier anderen Eingängen) wird man's gewahr: Ein neues Staatswesen beginnt. Da halten Schweizergardisten Wache. Halt! So mir nichts, dir nichts kommt man in den Vatikanstaat nicht hinein. Nur die wenigsten Besucher wissen, daß dieser Zwergstaat mit nur 44 Hektar Fläche noch nicht einmal 70 Jahre alt ist. Bei seiner Entstehung 1929 beschloß man für die vatikanischen Autos das Kennzeichen SCV: Stato della Città del Vaticano, also Staat der Vatikanstadt. Römische Lästerzungen allerdings „übersetzten" die Abkürzung ganz anders: Von vorn gelesen bedeute SCV „Se Cristo Vedesse" (Wenn Christus das sähe ...) und von rückwärts „Vi Cacciarebbe Subito" (... würde er euch sogleich verjagen).

Wie kam es zur Gründung des SCV? Zur Erklärung muß man weit ausholen. Seit dem frühen Mittelalter hatte sich, auf der Basis von Schenkungen der Herrscher und des römischen Adels, der Kirchenstaat entwickelt, der weite Teile Mittelitaliens umfaßte. Man sprach vom „Patrimonium Petri". Zwischen 1789 und 1814 bekam auch der

Kirchenstaat die Auswirkungen der Französischen Revolution und der napoleonischen Feldzüge zu spüren. Der Papst wurde nach Frankreich verschleppt, in Rom die Republik ausgerufen. Doch beim Wiener Kongreß gelang dem diplomatisch sehr geschickten Kardinalstaatssekretär Consalvi die Wiederherstellung der päpstlichen Territorien. Es folgte die Zeit des Risorgimento: Die Ideen von Freiheit, Unabhängigkeit und Einheit, die ganz Nord- und Mittelitalien erfaßt hatten, verbreiteten sich auch im Staat des Papstes, wo bei einem Teil der Bevölkerung noch ein beträchtlicher Antiklerikalismus hinzukam.

Die Pariser Julirevolution 1830 löste Unruhen auf der Apenninenhalbinsel aus. Nur das militärische Eingreifen der katholischen Schutzmacht Österreich sicherte den Fortbestand der Kirchenherrschaft in der Emilia-Romagna, den Marken und in Umbrien. 1846 bestieg Pius IX. den Stuhl Petri und leitete liberale Reformen ein, was freilich die italienischen Patrioten erst recht beflügelte. Zwei Jahre später brach ein Aufstand in der Ewigen Stadt aus, der Pontifex mußte nach Gaeta im Königreich Neapel fliehen, in Rom wurde abermals die Republik ausgerufen. Doch diesmal eilten die Franzosen dem Katholikenoberhaupt zu Hilfe. Anfang Juli 1849 nahmen französische Truppen Rom ein – trotz tapferer Verteidigung durch Garibaldi und seine Freischaren. Pius IX. kehrte in den Vatikan zurück. Da er nun auf einen reaktionären Kurs einschwenkte und sich ganz auf Österreicher und Franzosen, also auf konservative Fremdmächte stützte, sahen die Vorkämpfer der italienischen Einigung im Kirchenstaat zusagen ein rotes Tuch.

Und die Einigungsbewegung unter Führung der Piemontesen war unaufhaltsam. Infolge verschiedener Schlachten und verschlungener diplomatischer Manöver erhielt das Königreich Piemont 1859 nicht bloß die Lombardei sowie Parma, Modena und die Toskana, sondern auch die sogenannten Päpstlichen Legationen von Ferrara und Bologna. Volksabstimmungen in jenen Gebieten sanktionierten den Anschluß an das Reich der Savoyer, das sich Schritt um Schritt zum Königreich Italien weitete. Garibaldi eroberte den Süden des Landes. Und so war es nur noch eine Frage der Zeit, bis die Einigungsbewegung auch das Papst-Territorium überrollen würde. Über die Stimmung dort schrieb Ferdinand Gregorovius, der deutsche Geschichtsschreiber und begeisterte Freund der italienischen Einigung, 1864 in sein römisches Tagebuch: „Auf dem faulsten Fleck der Erde lebt man wie in Trance fort. Und doch sind es nur die fremden Mächte, welche diese Mumie verteidigen, die noch Kirchenstaat heißt."

Garibaldi, der die Priester Wölfe nannte und die Kardinäle am liebsten in den Tiber werfen wollte, versuchte mehrfach, mit seinen Rothemden nach Rom vorzustoßen. Zuletzt 1867, wo ihn päpstliche und französische Truppen jedoch nahe der Stadt, in Mentana, schlugen. Drei Jahre später aber war das Schicksal des stark geschrumpften Kirchenstaates besiegelt. Denn der deutsch-französische Krieg zwang Kaiser Napoleon III., seine Schutztruppen aus Rom und der umgebenden Region Latium abzuziehen. Und Italiens Politiker wollten unbedingt die neue europäische Krise für eine Lösung der „Römischen Frage" benützen. Nach der französischen Niederlage bei Sedan forderte die italienische Linke den sofortigen Einmarsch in den Kirchenstaat; die Garibaldiner planten eigene Aktionen. Italiens Regierung, auf Legalität bedacht, wollte dem Papst gegen die Garantie seiner Unabhängigkeit ein Ja zur Besetzung abringen. Aber Pius IX. lehnte jede Preisgabe seines Territoriums ab, worauf piemontesische Truppen sich gen Rom in Marsch setzten. Keine auswärtige Macht hinderte sie, weil ganz Europa auf den deutschen Kriegserfolg in Frankreich blickte. Am 20. September 1870 schossen die Piemontesen eine Bresche in die Porta Pia und marschierten in die Stadt des Papstes ein. Die Eroberung des Kirchenstaates war also, wenn man so will, ein Nebenprodukt des preußischen Sieges über Frankreich. Rom wurde zur Hauptstadt des Königreiches Italien. Damit hatte das Risorgimento sein letztes Ziel erreicht.

Pius IX. war empört darüber, daß man ihm seinen Staat entrissen, ihn seines Territoriums beraubt hatte. Deshalb schloß er sich als „freiwilliger Gefangener" in den Vatikan ein und wetterte gegen die Usurpatoren. Er exkommunizierte alle, die zur Beraubung des „Patrimonium Petri" beigetragen hatten. Zwar bekannten sich seine einstigen Untertanen mit großer Mehrheit zum italienischen Staat, doch viele treue Anhänger der Kirche zwischen Mailand und Palermo gerieten in einen Konflikt: Einerseits bejahten sie den neuen, stolzen Nationalstaat – andererseits verehrten sie ihr geistliches Oberhaupt, den Papst, der eben diesen Nationalstaat scharf kritisierte.

Die tonangebenden römischen Politiker faßten den Pontifex mit Samthandschuhen an. Im Mai 1871 erging das sogenannte Garantiegesetz: ein von manchen als Meisterwerk bezeichnetes Paragraphenwerk, das die eigentliche Grundlage für das Verhältnis von Kirche und Staat in Italien schuf und teilweise die Lateranverträge von 1929 vorwegnahm. Das Gesetz verbürgte – wenngleich ohne territoriale Souveränität – dem Katholikenoberhaupt die freie Ausübung der Kirchenregierung, den exterritorialen Besitz des Vatikans, des Laterans und der Villa in Castel Gandolfo. Es garantierte (neben vielem anderen) dem Pontifex Rechtsschutz, auch für sein diplomatisches Korps, und die juristische Nichtbelangbarkeit des Klerus. Außer-

dem sagte es dem Papst, zur Entschädigung für die ver-
lorengegangenen Besitzungen, eine respektable jährliche
Dotation zu.

Doch Pius IX. ließ sich dadurch nicht erweichen oder
gar ködern. Er lehnte das Garantiegesetz samt der Zahlung
ab. Seine Souveränität hat er weiterhin ausgeübt und die
Kirchenregierung aus dem verbliebenen Vermögen sowie
aus weltweiten Spenden der Katholiken finanziert. Sein
diplomatischer Aktionsradius war allerdings sehr begrenzt. Mit der im Quirinalspalast residierenden Königs-
familie wollte er nichts zu tun haben. Der österreichische
Historiker Hans Kramer, der lange in Rom tätig war,
schreibt in seiner „Geschichte Italiens": „In den Grundsät-
zen blieben Vatikan und Quirinal scharf gegeneinander
eingestellt, doch fand die Elastizität der Italiener im prakti-
schen Bereich immer wieder Kompromisse, die für beide
Teile annehmbar waren. Die katholische Kirche behielt in
Italien noch zahllose Stützpunkte und einen bestimmenden
Einfluß, vor allem als gesellschaftliche Macht. Innenmini-
ster Crispi legte größten Wert darauf, daß das Konklave
1878 in aller Ruhe durchgeführt wurde ... In Rom gab es
einen ‚schwarzen' Adel, der dem Papst die Treue hielt, und
einen ‚weißen', der am Königshof verkehrte. Liberale Rechte und liberale Linke haben den vollkommenen Bruch mit
der Kurie oder gar einen Kulturkampf, wie ihn Bismarck
führte, stets vermieden. Ein großer Teil der liberal, ja selbst
der sozialistisch eingestellten Italiener wollte die letzte
Brücke zur Kirche nicht abbrechen."

Es gab allerdings Ereignisse, die das Verhältnis zwischen
Kirche und Staat belasteten. Mit dem Dokument „Non
expedit" (1874) untersagte Pius IX. den Katholiken praktisch die Teilnahme am politischen Leben – sie gingen in
die innere Emigration oder hielten sich nicht daran. Roms

Antiklerikale haßten diesen Pontifex. 1878, bei der Überführung der Leiche Pius' IX. vom Vatikan in die Kirche San Lorenzo, kam es zur Straßenschlacht, weil der aufgehetzte Pöbel den Sarg in den Tiber werfen wollte. Zur antipäpstlichen Kundgebung geriet auch 1889 die Enthüllung eines Denkmals für den einst als Ketzer verbrannten Giordano Bruno auf der Piazza Campo dei Fiori. Andererseits wuchs gegen Ende des Jahrhunderts der politisch-soziale Einfluß der Katholiken deutlich. Ein dauerhafter Modus vivendi zwischen Staat und Kirche kam erst nach dem Amtsantritt (1903) von Pius X. zustande. Im Vatikan hatte man erkannt, daß die weltliche Macht der Päpste eine Belastung gewesen war, daß die Lösung vom „irdischen Reich" das geistliche Prestige der Kirche gehoben und ihr mehr Spielraum für ihre religiösen Aufgaben in aller Welt gegeben hatte.

Als der Erste Weltkrieg ausbrach, dachte niemand mehr an die Wiederherstellung des Kirchenstaates. Das politische Engagement der Katholiken im Königreich Italien nahm zu. Aus der „Katholischen Aktion" unter Leitung des Priesters Don Luigi Sturzo ging die Volkspartei hervor, die bei den Wahlen 1919 erstaunliche 100 Sitze errang. Katholische, eng mit der Kirche verbundene Kräfte spielten damals also eine wesentliche Rolle im öffentlichen Leben. Zwar war die „Römische Frage" noch nicht geklärt, aber Papst Benedikt XV. bekundete den Wunsch nach einem Kompromiß. Und sein Nachfolger Pius XI., der 1922 den Stuhl Petri bestieg, setzte in diesem Punkt den Kurs seines Vorgängers fort. Da traf es sich gut, daß der neue Machthaber Benito Mussolini, der zuvor ein Pfaffenfresser gewesen war, Versöhnungsbereitschaft signalisierte. Warum? Weil er die Kirche als Ordnungskraft für sich gewinnen und von ihr legitimiert werden wollte. Und weil er hoffte, mit Hilfe des Vatikans die unbequeme Volkspartei zu schwächen. Mitte Januar 1923 traf sich Mussolini insgeheim mit Kardinalstaatssekretär Gasparri in der Wohnung des Präsidenten der Banco di Roma. Dabei ging es zunächst um das Schicksal dieser vom Vatikan kontrollierten Bank, die in eine Krise gestürzt war. Ihr Konkurs konnte ohne Staatshilfe nicht abgewendet werden. Das Gespräch diente aber vor allem der Kontaktaufnahme. Von Juni 1923 an ließ der Heilige Stuhl den Chef der Volkspartei, Don Sturzo, fallen, der schließlich nach England emigrierte. Gleichzeitig sympathisierten Vatikanprälaten mit Mussolini, den sie geradezu als einen „Mann der Vorsehung" rühmten. 1925 berief die Regierung zur Revision des Staatskirchenrechts eine Kommission ein, der mit vatikanischer Billigung auch drei Kanoniker angehörten. Kurzum, die Zeit war reif für die Regelung der „Römischen Frage".

Im August 1926 begannen Geheimverhandlungen, die – wenn auch nicht kontinuierlich – zweieinhalb Jahre andauerten. Die Diskretion wurde erleichtert durch den relativ niedrigen Rang der Unterhändler. Auf vatikanischer Seite war dies der Jurist Francesco Pacelli, ein Bruder des späteren Papstes Pius XII., auf italienischer Seite der Staatsrat Domenico Barone. Als Vermittler diente auch der Jesuitenpater Pietro Tacchi Venturi. Sowohl Mussolini wie der Papst haben den Verhandlungen größte Aufmerksamkeit gewidmet. Mussolinis Bedingung, daß der Heilige Stuhl die Regelung der „Römischen Frage" als endgültig anerkennen und somit die Ereignisse von 1870 de facto billigen müsse, wurde vom Papst akzeptiert. Umgekehrt hatte Italien Pius XI. absolute Souveränität zugestanden, obschon es den wichtigen Begriff „Stato", Staat, für die Vatikanstadt erst nach langem Hin und Her am 22. Januar 1929 konzedierte. Dem Papst, betont der Historiker Rudolf Lill, „ging es nicht um einen ‚Kirchenstaat' von größerer Ausdehnung, sondern um das völkerrechtliche Vertragswerk als solches und darin auch um ein Konkordat mit Zusicherungen für die Freiheit von Seelsorge und Verkündigung. Mussolini war vorwiegend aus taktischen Gründen zu solchen Garantien bereit ... Der Papst und sein Staatssekretär erfuhren, daß ein autoritäres Regime der Kirche mehr anbot als pluralistische Staaten."

Am 11. Februar 1929 haben Mussolini und Gasparri das Abkommen im Lateran unterzeichnet. Man spricht von den Lateranverträgen, und der Plural ist berechtigt. Denn das Paragraphenwerk besteht aus dem eigentlichen Lateranvertrag (sozusagen der Gründungsakte des Vatikanstaates) sowie aus einer Finanzkonvention und dem Konkordat. In den beiden ersten Artikeln werden die Souveränität des Heiligen Stuhls und die katholische Religion als Staatsreligion in Italien festgeschrieben. Artikel 3 garantiert dem Papst die Staatsgewalt und die Rechtsprechung über den Vatikan, der auf diese Weise zum „Stato della Città del Vaticano" wurde. Der Papst, dessen Person für „unverletzlich" erklärt wird, verpflichtet sich zu strikter Neutralität, erklärt die „Römische Frage" für unwiderruflich beigelegt und erkennt das Königreich Italien mit Rom als Hauptstadt an. In dem Finanzabkommen verspricht Italien dem Heiligen Stuhl eine hohe Entschädigung für den Verlust des alten Kirchenstaates: 1750 Millionen Lire, teils in bar, teils in Staatsanleihen. Und das Konkordat? Es garantiert der katholischen Kirche die freie Ausübung ihrer Jurisdiktion und ihrer Verkündigung sowie den Schutz des „heiligen Charakters" der Stadt Rom. Die gesamte Ehegesetzgebung wird dem kanonischen Recht angepaßt – was bis zu einem neuen, heiß umkämpften Gesetz 1970 eine Scheidung unmöglich machte.

Für den Duce waren die Lateranverträge zweifellos ein großer Erfolg. Waren sie es auch für den Heiligen Stuhl? Um dies zu beurteilen, schreibt der Bonner Historiker Konrad Repgen im „Handbuch der Kirchengeschichte" zu Recht, muß man differenzieren:

„Kurzfristig boten die Verträge der Kirche unbestreitbare Vorteile. Das Hineinregieren des Staates in die italienische Kirche und Kirchenverwaltung wurde beendigt. Der Vatikan konnte historisch überfälligen Ballast abstoßen und endlich die Zentrale der Weltkirche wirtschaftlich wieder auf eigene Füße stellen – ein für die unerläßliche Unabhängigkeit des Papsttums sehr hoch einzuschätzender Vorteil ... Der allgemeine Jubel im Lande bei der plötzlichen Nachricht vom Vertragsabschluß spricht im übrigen für sich ..." Über die langfristigen Konsequenzen jedoch gehen die Meinungen bis heute auseinander. „Entscheidend ist die Frage, ob die Kirche, indem sie sich von Mussolinis Regime umarmen ließ, ihr eigenes Selbst gefährdet oder preisgegeben habe. Dies ist nicht geschehen ... Mussolini hat in den folgenden Jahren erkennen müssen, daß die Kirche ihn nie bedingungslos unterstützte."

Mit den Lateranverträgen von 1929 war jedenfalls der SCV geboren. Der Vatikanstaat umfaßt den Petersdom, die vatikanischen Paläste mit Gärten, Plätzen und verschiedenen Verwaltungsgebäuden; dazu kommen mit exterritorialem Status einige Basiliken und Castel Gandolfo (siehe Anhang: Exterritoriale Gebäude). Später gab sich der SCV eine Art Grundgesetz. Demzufolge ist er eine absolute Monarchie, deren Verwaltung einem vom Papst ernannten Gouverneur sowie (seit 1939) einer Kardinalskommission untersteht. Aber genaugenommen steht der Name Vatikan für zweierlei: für den Heiligen Stuhl, also für die Zentralregierung der katholischen Kirche –

und für den nur 0,44 Quadratkilometer großen, mit nichts in der Welt vergleichbaren Zwergstaat der Vatikanstadt.

Da gibt es Sakrales und Profanes auf engstem Raum nebeneinander. Ein Staat mit den Petersschlüsseln und der Tiara im Wappen und einem Heiligen Vater als Chef, der diplomatische Beziehungen zu 115 Ländern unterhält. Ein Staat, der 140mal kleiner ist als San Marino, aber dessen Souverän als geistliches Oberhaupt von über 800 Millionen Katholiken weltweiten Einfluß ausübt. „Il Vaticano", das ist jedoch auch ein bißchen Kleinstadtidylle, mit Kaufhaus, Apotheke und einer preiswerten Tankstelle, Druckerei, Post und schönen Gärten.

Wie jeder Staat hat der Vatikan auch eine eigene Fahne: Sie trägt die Farben gelb-weiß und das erwähnte Wappen. Interessant ist die Geschichte des „Inno Pontificio", der vatikanischen Hymne, die immer dann ertönt, wenn der Papst ein ausländisches Staatsoberhaupt empfängt oder wenn er selbst eine andere Nation besucht. Eine offizielle Papsthymne gab es schon seit 1857; sie war von dem Österreicher Vittorino Hallmayr, dem Kapellmeister des in Italien stationierten Regiments „Graf Kinsky", komponiert und 1857 im Beisein von Pius IX. in Bologna uraufgeführt worden. Aber bald darauf wurde diese Melodie von schöneren Klängen in den Hintergrund gedrängt: Der berühmte Franzose Charles Gounod komponierte für den Jahrestag der Krönung von Pius IX. einen „Marsch", der bei einem großen Konzert am 11. April 1869 auf dem Petersplatz erstmals gespielt wurde und rauschenden Beifall erhielt. Nicht wenige Kirchenmänner wünschten, diesen Marsch unverzüglich zur offiziellen Papsthymne zu erklären. Gleichwohl „hielt sich" Hallmayrs Weise noch 80 Jahre lang. Erst im Dezember 1949, am Vorabend des

Heiligen Jahres 1950, ordnete Pius XII. an, die alte Hymne durch Gounods Marsch zu ersetzen.

Was noch fehlte, war ein Text, den Gläubige in aller Welt, unabhängig von ihrer jeweiligen Sprache, singen konnten. Ein Text also, wie anders, auf lateinisch. Darauf mußte man noch geraume Zeit warten. Bis in die frühen neunziger Jahre, als der ligurische Kanoniker Raffaello Lavagna einen solchen Text vorlegte. Er hatte sich bei der Abfassung unter anderem von verschiedenen auf Petrus bezogenen Passagen der Bibel inspirieren lassen. So beginnt der Text: „O Roma felix, o Roma nobilis, Sedes es Petri, qui Romae effudit sanguinem", zu deutsch: O glückliches Rom, o edles Rom, Sitz des Petrus, der in Rom sein Blut vergossen hat. – Im Oktober 1993 hat der Chor des Mitteldeutschen Rundfunks aus Leipzig bei einem Konzert für Johannes Paul II. in der vatikanischen Audienzhalle die Hymne erstmals gesungen.

Wappen, Fahne und Hymne, eigene Münze und eigene Briefmarken, Gendarmen, Bahnhof, Rundfunk und Zeitung: Im Vatikan gibt es (beinahe) alles, was zu einem Staat gehört. „Beinahe alles", weil im Bannkreis von Sankt Peter keine Finanzämter im engeren Sinne existieren. Die rund 600 „Vatikaner" genießen nämlich, ganz im Unterschied zu den Bürgern anderer Staaten, ein wundervolles Privileg: Sie müssen keine Steuern zahlen.

4. KAPITEL

Gang in die Unterwelt:
Die Gräber unter Sankt Peter

Wieder stehen wir vor dem *Arco delle Campane,* dem Glockenbogen, wo zwei Schweizergardisten stramm und zünftig Wache schieben. Wer zum nahegelegenen „deutschen Friedhof" oder zum *Ufficio Scavi* (wörtlich: Ausgrabungsbüro) will, wird in der Regel durchgelassen. Im Ufficio Scavi kann man sich für eine Führung durch die Nekropole unter dem Petersdom anmelden, und hier beginnt dann auch die Besichtigung. Es ist, zumindest für Neulinge in Rom, die Entdeckungstour in eine faszinierende Unterwelt, in jene vorkonstantinische Nekropole, zu der das Petrusgrab gehört. Faszinierend nicht zuletzt wegen der spannenden Ausgrabungsgeschichte und der Auseinandersetzung um die Reliquien des heiligen Petrus.

Der Überlieferung zufolge kam Simon Petrus, der schon zu Lebzeiten Jesu einen besonderen Rang unter den Jüngern eingenommen hatte, später nach Rom, wo er während der Herrschaft Kaiser Neros, dieses Ausbunds an Grausamkeit, den Märtyrertod erlitt. Und zwar höchstwahrscheinlich im Jahr 64, nach dem Brand Roms, im Zirkus des Nero im Vatikan. Petrus, so die Überlieferung, wurde ganz in der Nähe bestattet, und über dem Grab, das zu einer Stätte der Verehrung wurde, ließ Kaiser Konstantin im 4. Jahrhundert die erste vatikanische Basilika errichten. An ihre Stelle trat später, in Renaissance und Frühbarock, der Petersdom, den wir heute kennen. Für die katholische Kirche war es, sollte man meinen, von vitaler Bedeutung, die Überlieferung aus frühchristlicher Zeit wissenschaftlich zu untermauern. Denn der Primat des römischen Bischofs über die gesamte Kirche und sein universales Lehramt wären undenkbar, wenn man beides nicht in Rom begründet hätte, am Grab jenes Apostels, zu dem Jesus (laut Matthäusevangelium) sagte: „Du bist Petrus, und auf diesen Felsen will ich meine Kirche bauen." – „Nachfolger des Apostelfürsten" lautet schließlich einer der Titel des Pontifex. Und die Gegner des Papsttums, darunter Martin Luther, haben es bezeichnenderweise bestritten, daß Petrus und Paulus überhaupt in Rom bestattet worden seien.

Trotz alledem sträubten sich jahrhundertelang die Päpste – vielleicht aus ehrfürchtiger Scheu – gegen präzise Nachforschungen über das Petrusgrab. Ein Schleier des Geheimnisses umgab den Untergrund der Peterskirche, wo man den Bestattungsort vermutete. Erst Papst Pius XII. wollte diesen Schleier lüften. Bald nach Beginn seines Pontifikates 1939 veranlaßte er archäologische Grabungen, die von 1940 an praktisch zehn Jahre lang dauerten. Zu diesem Zweck setzte der Pacelli-Papst eine Kommission ein, deren Leitung er dem deutschen Prälaten Ludwig Kaas, dem früheren Vorsitzenden der Zentrumspartei, anvertraute. Kaas war Sekretär und Ökonom der Dombauhütte von Sankt Peter, aber kein Archäologe. Als eigentliche Ausgräber unterstanden ihm vier Mitarbeiter, darunter zwei Archäologen und Epigraphiker aus dem Jesuitenorden, nämlich Antonio Ferrua und Engelbert Kirschbaum. Bei den „scavi" wurden unter anderem zwei Reihen von Kammergräbern für altrömische Familien (Mausoleen) freigelegt. Sie sind, ebenso wie die Hauptachse der späteren Konstantinsbasilika, in Ost-West-Richtung angelegt. Das abschüssige Gelände zeigt, daß diese Nekropole am Abhang eines Hügels lag. Entstanden sind die Mausoleen entlang einer Straße, die vielleicht den neronischen Zirkus säumte. In der Tat besagt eine Inschrift im sogenannten *Mausoleum A*, daß man es „in Vaticano ad circum" (beim Zirkus im Vatikan) gebaut hat. Bei den mit Mosaiken, Fresken und Stuck geschmückten Mausoleen handelte es sich um Kammergräber für wohlhabende heidnische Familien, in manchem Vorraum wurden ihre Sklaven bestattet.

Aber das Interessante und für das Gros der Besucher Überraschende ist nun, daß diese heidnischen Grabstätten später zum Teil in den Besitz von Christen übergingen. So finden wir im *Mausoleum M* einige typisch frühchristliche Motive: den Fischer, den Propheten Jona und den Wal sowie Christus, dem Sonnengott Helios ähnelnd – als Symbol der Auferstehung. Fast alle diese stattlichen Gräber stammen aus der Zeit zwischen dem frühen 2. Jahrhundert und dem Bau der konstantinischen Basilika. Weiter westlich, unterhalb des heutigen Papstaltares in Sankt Peter, hat man allerdings auch ältere, einfache Erdgräber entdeckt, für die Bestattung von Toten, die sich keine teuren Grabmäler leisten konnten. Diese Erdgräber liegen an einem kleinen Platz (von den Entdeckern *Campo P* getauft), der erstaunlicherweise auch dann frei blieb, als man vom 2. Jahrhundert an die vornehmen Mausoleen baute. Warum? Weil sich dort – so jedenfalls die vatikanische Version – eine von den Christen hochverehrte Stätte befand. Im 2. Jahrhundert wurde der *Campo P* von einer Mauer eingefaßt, die jetzt *Muro Rosso* heißt. In diese Mauer hat man zwei übereinander liegende, durch eine Marmorplatte getrennte Nischen eingebaut – es entstand eine sogenannte Ädikula, ein Denkmal über einem Einzelgrab in der Erde.

Später, schreibt Carlo Pietrangeli, der verstorbene Generaldirektor der Vatikanischen Monumente und Museen, „wurde die Ädikula mit Marmordekorationen geschmückt und durch zwei kleine Mauern eingerahmt. Mit dem Bau der Petersbasilika im 4. Jahrhundert wird vollends deutlich, daß dies kein gewöhnliches Grab war. Trotz des starken Gefälles und der Nekropole, die einem derartigen Bauvorhaben sicher im Wege standen, ließ Konstantin die Basilika ausgerechnet hier errichten, denn die kleine Ädikula sollte in die Mitte des Presbyteriums zu stehen kommen: Sie war das Denkmal, das im 2. Jahrhundert über der Grabstätte Petri errichtet wurde, nicht weit vom Zirkus, in dem der Apostelfürst wahrscheinlich den Märtyrertod fand."

Die kleine Grabstätte stand somit im Mittelpunkt der konstantinischen Basilika, und sie liegt genau unter der in unserem Kapitel über den Petersdom geschilderten „Confessio", dem Papstaltar. Das „Petrusgrab" – oder genauer: dessen Überreste – bildet den Höhepunkt und Abschluß des Rundgangs durch die Nekropole. Die Fachleute für christliche Archäologie, die die Besuchergruppen führen, schildern diese Stätte denn auch besonders ausführlich. Die einen sprechen rundheraus vom „Grab Petri", die anderen eher skeptisch vom „wahrscheinlichen Grab Petri". Und mancher Führer erinnert an das Aufsehen, das die Grabgeschichte seinerzeit erregt hat.

Es war im Heiligen Jahr 1950, als Pius XII. in seiner weihnachtlichen Radiobotschaft auf dieses Thema zu sprechen kam. „Hat man wirklich das Grab des heiligen Petrus wiedergefunden? Auf diese Frage antwortet das Schlußergebnis der Arbeiten und Studien mit einem ganz klaren Ja ... Die riesige Kuppel der Basilika wölbt sich genau über dem Grab des ersten Bischofs von Rom, des ersten Papstes, einem zunächst äußerst bescheidenen Grab, über dem aber die Verehrung der späteren Jahrhunderte in wunderbarer Folge der Bauten das größte Heiligtum der Christenheit entstehen ließ."

Dieser Botschaft folgte 1951 der zweibändige offizielle Bericht („Esplorazioni") der vier Ausgräber. Das Hauptziel der Forschungen unter der Basilika war naturgemäß die Erschließung des Petrusgrabes gewesen. Doch gerade in diesem Punkt setzte es sogleich heftige Kritik. Nur ein Teil der Fachwelt war bereit, die offizielle Version zu übernehmen. Und inzwischen, anno 1996, überwiegt unter den Wissenschaftlern sogar die Auffassung, daß man das Petrusgrab eigentlich nicht genau orten kann. In der vorliegenden, knappen Darstellung ist es allerdings völlig unmöglich, den Gelehrtenstreit wiederzugeben. Und da man die Besucher der Nekropole nun einmal an das „Petrusgrab" führt und ihnen die „sterblichen Überreste" des Apostelfürsten zeigt, wollen wir uns im folgenden mit diesen Reliquien befassen.

Ein Blick zurück: Was hatten die vier Ausgräber in den vierziger Jahren im Petrusgrab gefunden? Nichts. Keine Spur von den Reliquien (profan ausgedrückt: den Knochen) des Apostels. Wo waren sie geblieben? Und: Stand nirgends auf den alten Steinen in der Nekropole der Name Petrus? Was besagten die Kritzeleien auf der sogenannten *Graffitimauer* neben der Ädikula? Fragen über Fragen, die vor allem einer italienischen Petrus-Verehrerin keine Ruhe ließen: der Professorin für Epigraphik Margherita Guarducci. Sie hat sich über 30 Jahre lang mit dem Grab von San Pietro samt den einschlägigen Problemen befaßt und viel darüber veröffentlicht. Die von ihr vorgenommene „Identifizierung" der Petrus-Reliquien ist zwar sehr umstritten; sogar die Päpste zeigen in diesem Punkt Zurückhaltung. Gleichwohl sind Frau Guarduccis Studien und Thesen interessant genug, um sie kurz zu schildern.

1952 erhielt die „Professoressa" vom Papst die Genehmigung, in die Ausgrabungsstätte hinabzusteigen, um die ans Licht gekommenen christlichen Inschriften zu untersuchen. Im sogenannten *Mausoleum der Valerii* entdeckte sie ein stark abgekürztes lateinisches Epigraph: „Petrus, bete für die heiligen christlichen Menschen, die bei deinem Leichnam beerdigt sind." Also war Petrus doch in der Nekropole genannt! Die zuvor tätigen Ausgräber hatten diese Inschrift offenbar übersehen. Überhaupt, so Margherita Guarducci, seien die Mitarbeiter des Prälaten Kaas nicht sorgfältig, sondern ziemlich schlampig vorgegangen. Mit einer Spitzhacke hätten sie manche Mauer, manches Grab zerstört. Frau Guarduccis Mißtrauen wuchs – und zugleich ihr Ehrgeiz, Neues zu entdecken.

So knöpfte sie sich die kleine „Mauer G" vor, auch Graffitimauer genannt, die nahe der Ädikula des Petrus stand und die in jenes Denkmal eingeschlossen wurde, das Kaiser Konstantin um die Ädikula herumbauen ließ. Auf ihrer Nordseite war die Wand von mysteriösen Symbolen und lateinischen Worten bedeckt – ein schier unentwirrbares Geflecht von Kritzeleien. Nach langen Mühen entzifferte Frau Guarducci die Graffiti. Es war eine große Emotion, schreibt sie, nach und nach auf der Wand „die fundamentalen Konzepte des christlichen Glaubens zu entdecken: Der eine und dreifaltige Gott, Christus als zweite Person der Dreifaltigkeit, mit seinen Attributen des Lichtes, des Friedens ... des ewigen Lebens". Wird auch Petrus in den Graffiti erwähnt? Ja, behauptet die Forscherin, sogar mehrfach.

Ein wichtiges, obschon kleines Graffito hatte sich ursprünglich auch an einer anderen Wand über dem Grab, an der „roten Mauer", befunden. Nur ein paar abgewandelte griechische Buchstaben, in den Verputz eingeritzt. Das Fragment mit dieser Inschrift war herabgefallen, und einer der vier Ausgräber, der Jesuitenpater Ferrua, hatte es in den vierziger Jahren einfach mit nach Hause genommen. Kaum wurde die Sache bekannt, mußte Pater Ferrua – angeblich auf Befehl des Papstes – das Fragment an die Dombauhütte von Sankt Peter zurückgeben. Die Inschrift besagt wahrscheinlich: „Petrus ist hier drinnen" – laut Frau Guarducci ein untrüglicher Beweis für das Apostelgrab.

Aber wo waren die Reliquien geblieben? Die Professorin ließ nicht locker und kam „fast einem archäologischen Krimi" auf die Spur. Der Krimi, schreibt sie, lief so: Zur Zeit Kaiser Konstantins hatte man die sterblichen Überreste von Petrus aus dem Erdgrab geholt, in Purpur gehüllt und in eine Marmornische der Mauer G gelegt, mitten in dem neuen prächtigen Denkmal zu Ehren des Apostels. 1941 buddelten sich die Mitarbeiter von Prälat Kaas an das verschachtelte Grabgebäude vor. Sie zerstörten mehrere Zwischenwände und fanden in der Marmornische, die sie nicht direkt mit dem Petrusgrab in Verbindung brachten, deshalb nur einen Haufen Schutt vor. An dieser Stelle unterbrachen sie ihre Wühlarbeit. Als sie nach einiger Zeit wieder ans Werk gingen, war der Schutt verschwunden. Warum? Weil Prälat Kaas, der selber an den Grabungen nicht teilnahm, in der Zwischenzeit eines Abends die archäologische Stätte inspiziert hatte. Und zwar in Begleitung des vatikanischen Arbeiters Giovanni Segoni. Kaas bemerkte in dem Grab einige von Schutt verdeckte Knochen. Aus Pietät wies der Prälat seinen Arbeiter an, die Gebeine in einen Holzkasten zu legen, den die beiden dann in einem Winkel der vatikanischen Grotten deponierten.

„Auf diese Weise", konstatiert Margherita Guarducci, „hat Prälat Kaas, auch wenn er es nicht wußte, die Reliquien von Petrus gerettet. Ich war es dann, die sie im September 1953 wiederfand." Nach einem heißen Tip des Arbeiters Segoni holte sie den Holzkasten hervor und untersuchte die Knochen genau, wobei sie unter anderem einen Anthropologen zu Rate zog. Die Knochen, so dieser Experte, stammten von einer robusten Person männlichen Geschlechts im Alter zwischen 60 und 70 Jahren. Dies und weitere Details, etwa über die Spuren einer Erdkruste an den Gebeinen, paßten genau auf Petrus und seine ursprüngliche Erdbestattung.

Hocherfreut und stolz teilte Margherita Guarducci ihre Entdeckung Papst Paul VI. mit, der ihr zunächst versprach, die Identifizierung der „Reliquien Petri" am Allerheiligentag 1964 feierlich beim Vatikanischen Konzil bekanntzugeben. Aber das tat der Pontifex dann doch nicht. Er zögerte, womöglich unter dem Einfluß von Ratgebern, die der ganzen Geschichte mißtrauten. Zwar veröffentlichte 1965 der Vatikanverlag, mit dem Imprimatur des Generalvikars für die Vatikanstadt, Frau Guarduccis Buch „Le reliquie di Pietro sotto la Confessione della Basilica Vaticana" (Die Reliquien des Petrus unter dem Confessio-Altar der Vatikan-Basilika). Doch prompt gab es Kritik an dem umfangreichen Werk, die Verfasserin klagte über eine „Offensive, die ihr Epizentrum im vatikanischen Milieu hatte". Gereizt machte sich die – von Eitelkeit nicht freie – Autorin daran, alle Einwände zu widerlegen. Und zwar in einer langen Streitschrift, die 1967 gedruckt erschien und die der Papst aufmerksam las.

Ließ er sich überzeugen? Ja, aber offenbar nicht hundertprozentig. Am 26. Juni 1968 kam Paul VI. bei der Generalaudienz auf das heikle Thema zu sprechen: Durch neue, gründliche Untersuchungen „sind auch die Reliquien des heiligen Petrus in einer Weise identifiziert worden, die wir für überzeugend halten können ... Die Forschungen, Diskussionen und Polemiken werden andauern. Aber von unserer Seite scheint es uns geboten ... euch und der Kirche diese frohe Mitteilung zu machen, zumal wir verpflichtet sind, die heiligen Reliquien zu ehren ..." Auch der Papst ahnte somit weiteren Gelehrtenstreit voraus. Gleichwohl ließ er tags darauf die in der Dombauhütte verwahrten (authentischen oder mutmaßlichen) sterblichen Überreste des Petrus in das Grab in der Nekropole zurückbringen. Also dorthin, von wo sie 27 Jahre zuvor allem Anschein nach der Prälat Kaas nichtsahnend weggeschafft hatte.

An der Zeremonie nahmen unter anderen Kardinal Paolo Marella, Erzpriester der Basilika, mehrere Kanoniker des Domkapitels, leitende Angestellte der Dombauhütte und Frau Professor Guarducci teil. Die Reliquien waren zuvor in 19 transparente Behälter aus Plexiglas gelegt worden, die man versiegelte. Genaugenommen handelte es sich nicht bloß um die (mutmaßlichen) Gebeine des Apostelfürsten. Denn die Grabnische war einst, im Lauf der Jahrhunderte, sozusagen löchrig geworden, eine neugierige Maus hatte sich eingeschlichen und war dort verendet. Auch das Mäuseskelett lag nun in einem der Plastikbehälter. Ein befremdliches Detail in einer ohnehin etwas makaber anmutenden Geschichte? Wie auch immer – die Zeremonie von 1968 war fromm und feierlich.

Nach der Deponierung der Plastikbehälter in der Grabkammer sprach Kardinal Marella ein Gebet, dann gingen alle in die angrenzende Klementinische Kapelle. Dort las Monsignore Niccolò Metta, seines Zeichens Notar des „Vatikanischen Kapitels", die Urkunde vor, die mit den Worten beginnt: „Notarieller Akt über die Deponierung der heiligen Reliquien von Sankt Peter, dem Apostelfürsten, in der ursprünglichen Grabkammer unter dem Altar der Confessio in Sankt Peter im Vatikan." Anschließend unterzeichneten alle Anwesenden das Dokument. Daß Paul VI. nicht an der Zeremonie teilnahm, war merkwürdig, aber wohl bezeichnend: Der Montini-Papst mochte sich, darf man annehmen, nicht persönlich mit der Sache identifizieren, er wollte die Zweifler nicht völlig vor den Kopf stoßen.

Und die Schar der Zweifler blieb konsistent. Mehrere Forscher widersprachen den Thesen von Margherita Guarducci. Die jungen Archäologen oder Doktoranden der christlichen Archäologie, die heutigentags Besuchergruppen durch die Nekropole führen, erwähnen den Reliquienstreit allenfalls beiläufig. Denn er lenkt möglicherweise vom Wesentlichen ab. Die Geschichte des Petrusgrabes, betonte kürzlich eine der jungen Führerinnen, ist vor allem die Geschichte einer erstaunlich langwährenden, tiefen Verehrung. Besser könnte man es kaum ausdrücken.

5. KAPITEL

Rom und die Nordlichter:
Der „deutsche" Friedhof

Wir verlassen die Nekropole, überqueren den kleinen *Platz der Protomärtyrer* und stehen nun am Eingang zur ältesten deutschen Nationalstiftung in Rom: dem *Campo Santo Teutonico*. „Teutones in pace" liest man über dem schmiedeeisernen Tor, durch das man den Friedhof betritt. Der an zwei Seiten von einer hohen Mauer umgebene Bezirk erscheint unauffällig, doch selbst flüchtige Besucher spüren sogleich den eigentümlichen Reiz dieses geschichtsträchtigen Fleckens. Eine Idylle mit Palmen und Zypressen, Oleander, Hortensien und Kamelien. Uralte und neue Gräber, die meisten reich mit Blumen geschmückt. Und alles überschattet von der Kuppel des Petersdoms, die von hier aus gesehen besonders mächtig wirkt. Ein teutonischer Friedhof „im Vatikan"? Da ist eine Erklärung nötig. Bei den Lateranverträgen von 1929, die das rechtliche Fundament des Vatikanstaates bilden, verzichtete Papst Pius XI. merkwürdigerweise darauf, den Campo Santo und den Palazzo del Sant'Uffizio direkt in das neue Staatsgebiet einzubeziehen. Beide liegen somit auf italienischem Territorium, haben jedoch den Status der Exterritorialität. Italienische und vatikanische Staatsgrenze verlaufen unmittelbar an der Außenmauer des Friedhofs entlang (siehe Karte der Vatikanstadt). Davon merkt der Besucher freilich nichts. Und da der Campo Santo nur vom Vatikan aus zugänglich ist, bleibt er im Bewußtsein der Besucher stets als eine „vatikanische Sehenswürdigkeit" haften.

Hier wie überall im Umkreis des Petersdoms holt uns die Geschichte ein. Der Campo Santo Teutonico legt Zeugnis ab für die große, fast magnetische Anziehungskraft, die Rom und der Vatikan seit dem Mittelalter auf viele „Nordlichter" ausgeübt haben, konkret: auf Katholiken aus dem deutschen und niederländisch-flämischen Kulturraum. Albrecht Weiland, der die Entwicklung dieser deutschen Nationalstiftung ausführlich dargestellt hat, betont zu Recht: „Durch seine Lage, seine Geschichte und seinen reichen Denkmälerbestand gehört der Campo Santo Teutonico zweifellos zu den herausragenden Beispielen europäischer Friedhöfe und stellt in seiner Gesamtheit ein wichtiges Kulturdenkmal dar."

Bereits im 8. Jahrhundert wird für das Gebiet des Campo Santo eine „Schola Francorum", also eine fränkische Gemeinschaft, erwähnt. 799, ein Jahr vor der Kaiserkrönung Karls des Großen im Petersdom, begrüßten die Mitglieder dieser Schola den Papst Leo III., der gerade aus dem Frankenreich zurückkam. Ein Bericht von 844 besagt, die sterblichen Überreste von Märtyrern seien in die Schola Francorum gebracht worden, die Karl der Große mit eigenen Mitteln für die Pilger aus dem damaligen Reich habe erbauen lassen. Die Schola bestand also vermutlich aus einem Hospiz, einem Gotteshaus und einem Friedhof. Ob der Kaiser allerdings, wie es ein Majolikabild von 1896 am Hauptgebäude zeigt, wirklich die Kirche beim Campo Santo Teutonico gegründet hat, ist ungewiß.

In späterer Zeit verfiel die Anlage. Bis sich, im 15. Jahrhundert, ein gewisser Friedrich Frid aus Magdeburg intensiv um diesen deutschen Besitz kümmerte. Eine Grabplatte am Eingang erinnert an diesen Mann: Friderico Teutonicus habe den Friedhof wiederhergestellt, einen Friedhof, auf dem zuvor die Wölfe der Campagna Leichen ausscharrten

(„Corpora fidelium fuissent a lupis exhumata"). Der tüchtige Teutone ließ eine neue Mauer um den Friedhof bauen und für sich selbst ein Häuschen, um den Friedhofsdienst zu versehen.

Die Mauern des Campo Santo sind gleichsam eingefaßt von 14 *Kreuzwegstationen*, die erstmals im 18. Jahrhundert von dem Tiroler Christoph Unterberger ausgemalt und dann zwischen 1902 und 1930 nach Entwürfen des Nazarenerkünstlers Friedrich Overbeck neu gestaltet wurden. Als Material verwendete man Majolikaplatten. Der Campo Santo Teutonico, betonte vor einigen Jahren der Rektor des dazugehörigen Kollegs, Professor Erwin Gatz, „ist wegen seiner einzigartigen Lage naturgemäß seit jeher ein begehrter Begräbnisplatz. Nach den Statuten haben das Grabrecht die Mitglieder der hier bestehenden Erzbruderschaft, die Angehörigen vieler Ordenshäuser deutschen Ursprungs sowie die beiden anderen deutschen Kollegien in Rom, die ‚Anima' und das ‚Germanicum'. Hier liegen ungezählte Tote, berühmte und unbekannte." Machen wir also einen Rundgang und besuchen die *Ruhestätten von prominenten Persönlichkeiten* ...

Geht man vom Friedhofstor nach links, am Kirchenportal vorbei in Richtung Kolleggebäude, so findet man eine einfache Bodenplatte für den 1943 verstorbenen Wittelsbacher Prinzen Georg von Bayern. Er hat als Kanonikus von Sankt Peter mit seinem Bruder beachtliche Geldmittel zur Finanzierung dreier moderner Portale im Petersdom aufgebracht. Gleich neben der 14. Kreuzwegstation liegt das Familiengrab des Malers Overbeck (der selbst allerdings in der römischen Kirche S. Bernardo alle Terme beigesetzt ist). Hier befindet sich auch die Gruft der „Menzinger Lehrschwestern", von denen *eine* nachgerade berühmt geworden ist: Pasqualina Lehnert, die einflußreiche Haushälterin des deutschfreundlichen Pacelli-Papstes Pius XII. Die aus Oberbayern stammende Nonne hatte den Monsignore Eugenio Pacelli schon zu dessen Nuntiaturzeit in München und Berlin bekocht und als Sekretärin betreut. Sie gehörte später im Vatikan neben Prälat Ludwig Kaas (den man in den Grotten unter Sankt Peter bestattet hat) und dem Jesuitenpater Robert Leiber zu den engen Vertrauten des Pontifex. Über ihre Tätigkeit für Pius XII. schrieb sie das Buch „Ich durfte ihm dienen". Schwester Pasqualina blieb nach dem Tod des Pontifex in Rom; sie starb 1983 auf einer Reise nach Wien, wo sie an einer Feierstunde für „ihren" Papst teilnehmen wollte.

Am Kolleggebäude entlanggehend, trifft man unter anderem auf das Grab der langjährigen Lebensgefährtin von Franz Liszt: der Fürstin Karoline von Sayn-Wittgenstein (gestorben 1887). Die lange Reihe von Grabplatten mit lateinischer Inschrift wechselt mit Gedenktafeln und -büsten ab für Persönlichkeiten, die eine Zeitlang in Rom lebten. Der 1839 verstorbene Tiroler Maler Joseph Anton Koch wird ebenso geehrt wie der Mitbegründer und erste Generalsekretär des deutschen Akademikerverbandes, Franz Xaver Münch (gestorben 1940), und der bedeutende Kirchenhistoriker Hubert Jedin (gestorben 1980), der einst im Kolleg des Campo Santo wohnte. Nahe der 9. Kreuzwegstation stößt man auf das Grab des 1970 verstorbenen Dichters Stefan Andres, der sich durch den Roman „Wir sind Utopia" einen Namen machte.

Die Reihe der Kreuzwegtafeln, an denen wir vorbeischlendern, wird dann von einem Majolikabild ganz anderen Inhalts unterbrochen. Auf ihm sieht man den Zirkus des Nero, der ja teilweise unter dem heutigen Friedhofsgelände lag, mit dem predigenden Petrus. Direkt vor dieser Tafel befindet sich die Rektorengruft des Campo Santo, die letzte Ruhestätte unter anderem für Anton de Waal (gestorben 1917) und Hermann Maria Stoeckle (gestorben 1972). Der Rektor Stoeckle war es, der während der deutschen Besetzung Roms 1943/44 nicht wenigen Flüchtlingen Zuflucht im exterritorialen Campo Santo Teutonico gewährte. In der Rektorengruft ist übrigens auch der verdienstvolle erste Generalsekretär der internationalen Caritas, Prälat Carlo Bayer, beigesetzt.

Weiter an der Mauer entlang, kommt man bei der 7. Kreuzwegstation zur letzten Ruhestätte eines merkwürdigen, vielkritisierten Mannes: des Bischofs Alois Hudal. Der aus Graz stammende Kleriker war 1923 nach Rom übersiedelt und Rektor der zweiten deutschen Nationalstiftung, Santa Maria dell'Anima, geworden. 1933 erfolgte seine Weihe zum Titularbischof von Ela. Hudal, entschieden „großdeutsch" gesinnt, sah die Hitlerbewegung mit Sympathie, als ein Bollwerk gegen den atheistischen Kommunismus. Wohl auf Anregung von Kardinal Pacelli, dem späteren Papst Pius XII., schrieb er das Buch „Die Grundlagen des Nationalsozialismus". Darin unternahm er den akrobatischen Versuch, den Nazis ein lockeres Bündnis mit der katholischen Kirche anzubieten – unter der Bedingung, daß sie die antichristlichen Teile ihrer Weltanschauung aufgeben und ihren Antisemitismus entschärfen. Bei den kirchlichen Gegnern Hitlers geriet der Autor durch dieses Buch arg in Verruf, er galt fortan als „Nazibischof". Sehr widersprüchlich erscheint Hudals Einsatz zwischen 1943 und 1947 für Flüchtlinge ganz verschiedener Couleur: Erst half der Bischof in Rom zahlreichen Juden, nach Kriegsende jedoch half er manchen untergetauchten Nazis, indem er ihnen Rot-Kreuz-Pässe zur Ausreise besorgte. 1952 trat Alois Hudal als Anima-Rektor zurück, elf Jahre später starb er in Grottaferrata bei Rom.

Die einst von Hudal geleitete „Anima" hat auf dem Campo Santo ebenso eine eigene Gruft wie das Collegium Germanicum et Hungaricum, also das von Jesuiten geleitete deutsch-ungarische Priesterkolleg in Rom. In der Anima-Gruft, im Gang von der Kirche des Campo Santo zum großen, bronzenen Friedhofskreuz, ruht unter anderem der deutsch-böhmische Schriftsteller Johannes Urzidil (gestorben 1970), der enge Kontakte zum „Prager Kreis" um Kafka, Brod und Werfel unterhielt. In der Gruft des Germanicums hingegen ist der im gleichen Jahr verstorbene Jesuitenpater Engelbert Kirschbaum beigesetzt, jener exzellente Altertumsforscher, der – wie im 4. Kapitel beschrieben – zu den Ausgräbern des Petrusgrabes unter dem Petersdom gehörte. Außer Pater Kirschbaum sind noch andere namhafte Archäologen auf dem stimmungsvollen Friedhof der „Teutonen" bestattet. So der Prälat Johann Peter Kirsch, ein Luxemburger, der von 1925 bis zu seinem Tod 1941 das „Päpstliche Institut für Christliche Archäologie" geleitet hat. Oder der aus Schlesien stammende Prälat Joseph Wilpert, dessen Erkenntnisse der frühchristlichen Bilderwelt auf Sarkophagen, in römischen Katakomben und Kirchen bis heute grundlegend für die Forschung auf diesem Gebiet sind. Oder der langjährige Direktor des Deutschen Archäologischen Instituts in Rom, Ludwig Curtius, der 1937 auf Anweisung Hitlers entlassen wurde.

Friedhof und Kirche, Erzbruderschaft und Kolleg – das gehört beim Campo Santo Teutonico untrennbar zusammen. Die *Kirche* führt uns wieder zurück ins Mittelalter. Ursprünglich gab es eine kleine Marienkirche, die vor dem Haupteingang des jetzigen Gotteshauses lag. Von ihr haben sich noch Reste im Foyer des Priesterkollegs erhalten, ihre Apsis dient heute als Friedhofskapelle. Mitte des

15. Jahrhunderts beschloß die damals gegründete Bruderschaft einen Neubau. Dazu benötigte man reichlich Geld-
spenden der Gottesdienstbesucher. Doch wie es scheint,
klingelten die Münzen nicht gerade häufig im Beutel; die
Bauarbeiten zogen sich lange hin. Erst am 8. Dezember
1500 erfolgte die Weihe dieser bemerkenswerten Kirche.
Wer war der Architekt? War es womöglich der Hof-
architekt von Sixtus IV., jener Giovanni di Pietro dei Dolci,
der auch die Sixtinische Kapelle entworfen hat? Dies ist
nicht klar. Wenn die Bruderschaft damals tatsächlich den
großen Hofarchitekten mit der Konzeption der neuen
Marienkirche beauftragte, so wäre das ein Beweis für das
Selbstbewußtsein dieser relativ jungen kirchlichen Gemeinschaft.

„Santa Maria della Pietà": so hieß die neue Kirche – und
so heißt sie noch heute. Sie hat zahlreiche Veränderungen
erlebt. Die Bildflügel des Hochaltars von Macrino d'Alba
zeigen in der Mitte das Pietà-Motiv und auf den Flügeln
von links nach rechts die Apostel Petrus und Jakobus,
die Begegnung von Anna und Joachim vor der Goldenen
Pforte, eine Anna Selbdritt und Paulus mit Johannes dem
Täufer. Mit Petrus und Paulus wird auf das Geschehen im
neronischen Zirkus verwiesen; Jakobus ist als Schutzpatron
der Pilger zu verstehen. Die linke Seitenkapelle der Kirche, auch „Schweizer Kapelle" genannt, diente nach der
Schlacht von 1527, bei der die Soldaten des Papstes einen
hohen Blutzoll entrichteten, als Grablege der gefallenen
Gardisten (siehe 11. Kapitel). Der Freskenzyklus an der linken Kapellenwand ist ein Frühwerk des Raffael-Schülers
Polidoro da Caravaggio, der hier die Passion Christi ein-
drucksvoll dargestellt hat.

Auch in der Schweizer Kapelle holt die Geschichte den
staunenden Besucher ein. Das über dem Altar angebrachte

Relief nämlich zeigt unter dem Kreuzigungsbild den Gardehauptmann Kaspar Röist, der bei der Schlacht gegen die kaiserlichen Landsknechte 1527 mutig – aber erfolglos – die Gardisten angeführt hat.

Die Kirche des Campo Santo ist in den frühen siebziger Jahren vollständig restauriert worden. An den Kosten von 2,4 Millionen Mark beteiligten sich zu je einem Drittel die Bonner Regierung, der Verband der Diözesen Deutschlands und die Erzbruderschaft zusammen mit dem Verein der Freunde und Förderer des Kollegs. Gemäß dem Trend zu einer schlichten Neugestaltung von Kircheninnenräumen hat man den barocken Hochaltar, verschiedene Fresken des 18. und 19. Jahrhunderts sowie viele Grabplatten des Fußbodens entfernt. Dafür hielt die zeitgenössische Kunst Einzug: Georg Meistermann schuf die modernen Glasfenster. Den Zugang zum Gotteshaus bildet vom Friedhof her ein Bronzeportal von Elmar Hillebrand, das der deutsche Bundespräsident Theodor Heuß 1957 gestiftet hatte. Die Bildfelder zeigen im oberen Teil eine Muttergottes mit dem Jesuskind, darunter die Wappen Pius' XII. und der Bundesrepublik Deutschland, und nochmals darunter die Pietà vor dem Doppeladler, das Emblem der Bruderschaft.

Dieser *„Erzbruderschaft der Schmerzhaften Muttergottes"* (so ist der offizielle Name) gehören Männer und Frauen, Laien und Priester an. Die Gründung der Gemeinschaft erfolgte wohl im Heiligen Jahr 1450, das viele Pilger aus dem Norden ins „heilige Rom" führte. Damals schloß sich der deutsche Beichtvater von Sankt Peter, Johannes Golderer, mit anderen Deutschrömern zur „Arme-Seelen-Bruderschaft" zusammen, um bedürftige Pilger karitativ zu unterstützen und der Toten zu gedenken. Die Gemeinschaft stellte sich unter das Patronat der Muttergottes. Ihre

Statuten wurden erstmals unter Papst Pius II. im Jahr 1461 bestätigt. 1579 erhob Papst Gregor XIII. die Bruderschaft zur Erzbruderschaft.

Damals und im 17. Jahrhundert erlebte die „Arciconfraternità di Santa Maria della Pietà", wie sie italienisch heißt, eine Blütezeit. Ihre Mitglieder statteten den Friedhof mit Kunstdenkmälern aus und machten großzügige Stiftungen. 1846 kam es zu einer Revision der Statuten, wobei man den historischen deutsch-flämischen Charakter (auf etlichen Grabsteinen steht „Campo Santo dei Teutonici e Fiamminghi") bekräftigte und strenge Regeln zur Aufnahme in die Gemeinschaft erließ. Die Gottesdienste in der Muttersprache, das Totengedenken für die Mitglieder, aber auch die Gastfreundschaft für Pilgergruppen spiegeln etwas vom historischen und gegenwärtigen Selbstverständnis dieser einzigartigen Bruderschaft.

Über Friedhof, Kirche und Erzbruderschaft sollte man das *Kolleg vom Campo Santo Teutonico* nicht vergessen. Wer das Gotteshaus verläßt, gelangt linker Hand sogleich vor das Kolleggebäude. Schon seit dem Mittelalter hat es Häuser rund um den Friedhof gegeben; sie wurden hauptsächlich als Pilgerhospiz genutzt. Eine neue Entwicklung begann im 19. Jahrhundert. Denn mit dem Aufschwung der Wissenschaften kamen immer häufiger deutschsprachige Theologen und Priester nach Rom, um hier zu studieren oder um ihr Studium abzuschließen. Daher nahm die Erzbruderschaft am Campo Santo – wie viele andere kirchliche Einrichtungen in der Ewigen Stadt – die Studienförderung von Geistlichen auf. Die Kleriker durften gratis im Gebäude neben der Kirche wohnen – als Gegenleistung hatten sie die Gottesdienste für die Bruderschaft zu feiern. 1872 trat der vom Niederrhein stammende Anton de Waal sein Rektorat am Campo Santo an, das bis zu seinem Tod

1917 dauern sollte. Er förderte sowohl das Leben der Bruderschaft wie auch die Studien. 1876 wurde das Priesterkolleg am Campo Santo gegründet, das Prälat de Waal nach und nach mit einer vorzüglichen Bibliothek ausstattete. 1887 rief de Waal die bis heute renommierte „Römische Quartalschrift für christliche Altertumskunde und Kirchengeschichte" ins Leben. Und ein Jahr später konnte sich in den Räumen des Kollegs eine Art römische Filiale der Görres-Gesellschaft etablieren. Seitdem sind aus dem Kolleg und diesem Görres-Institut zahlreiche namhafte Professoren der Theologie und Kirchengeschichte hervorgegangen.

Der enorme Zuwachs der Bibliothek und eine von Anton de Waal begonnene wertvolle Sammlung christlicher Kleinkunst machen das Kolleg am Campo Santo Teutonico auch heute noch zu einem beachtlichen Forschungszentrum in Rom. In dem Kolleg wohnen verschiedene an der Kurie tätige Kleriker sowie Doktoranden der Theologie. Betreut wird das Haus von den Paderborner Schwestern vom Orden der Christlichen Liebe. Rektor des Kollegs ist zur Zeit der schon erwähnte Prälat und Professor für Kirchengeschichte an der Universität Bonn, Erwin Gatz. In seiner Funktion als Rektor leitet er den Verwaltungsrat des Campo Santo, der als Stiftung dem gesamten deutschsprachigen Raum zugeordnet ist. Zum Verwaltungsrat gehören neben sechs Vertretern der Erzbruderschaft auch der jeweilige deutsche und österreichische Botschafter beim Heiligen Stuhl sowie die Rektoren des belgischen und niederländischen Priesterkollegs in Rom.

Forschung und Gottesdienst, Totengedenken und Pilgerfürsorge: der Campo Santo Teutonico hat viele Facetten. Eine ganze Schar von Theologen verknüpft mit der Erinnerung an die Studienzeit im Kolleg schlechthin das „Erlebnis Rom". Die in der Ewigen Stadt lebenden Mitglieder der Erzbruderschaft hingegen sehen in dieser deutschen Nationalstiftung einerseits ihren Begräbnisplatz, andererseits ein geistliches Zentrum. Beim Spaziergang über den Campo Santo, mit dem Blick hinauf zur Peterskuppel, kommt uns jenes Wort in den Sinn, das der Dichter Werner Bergengruen nach dem Ende des Zweiten Weltkriegs in das Gästebuch des Campo Santo schrieb:

„Hier ist der Deutschen Herz,
hier endlich wohnen
im Angesicht unsäglicher Versöhnung
und nah dem Ort der kaiserlichen Krönung
nach Schuld und Streit
im Frieden die Teutonen."

6. KAPITEL

Universal und gastlich:
Audienzhalle und Hospiz Santa Marta

„Rom? Da wollen wir auch den Papst erleben." Nicht bloß tiefgläubige Pilger denken so, wenn sie ihre Fahrt in die Ewige Stadt planen. Die Teilnahme an der päpstlichen Generalaudienz am Mittwoch ist nicht schwierig (praktische Hinweise dazu im Anhang, Seite 148). Gehen wir also davon aus, „unsere" Reisegruppe hat sich die nötigen Eintrittskarten beschafft. Und sie begibt sich, an dem betreffenden Tag, in die *Sala delle Udienze*, die offiziell „Aula Paul VI." heißt. Denn der Montini-Papst Paul VI. war es ja, der seinerzeit das imposante Gebäude mit der Halle errichten ließ, um die wachsende Schar der herbeigereisten Gläubigen zu „bewältigen".

Schon in den dreißiger und vierziger Jahren hatten immer mehr Katholiken darauf gedrängt, dem Pontifex direkt, in einer Audienz, zu begegnen. Pius XI. empfing die Gläubigen in verschiedenen Räumen des Apostolischen Palastes: Sie gingen langsam an ihm vorbei und küßten seine Hand. Unter Pius XII., besonders am Ende des Zweiten Weltkrieges, reichten diese Räume nicht mehr aus, weshalb die Audienzen oft in der – über dem Atrium der Petersbasilika liegenden – Benediktionsaula stattfanden. Doch auch sie erwies sich schon bald als zu klein, so daß man auch angrenzende Säle benützen mußte. Unter Johannes XXIII. wich man in den Petersdom aus, der freilich absolut nicht für den Zweck von Audienzen geeignet ist. Der Mangel an einem großen Versammlungsraum zeigte sich auch anläßlich des Zweiten Vatikanischen Konzils, das im Petersdom tagte und für dessen Teilnehmer man extra Tribünen errichten mußte.

Paul VI. sann gleich nach Beginn seines Pontifikates 1963 auf Abhilfe. Aber wo sollte die neue Halle entstehen? Man entschied sich für ein Gelände, das – wenn man vor Sankt Peter steht – links von der Basilika liegt, zwischen dem Palast des Heiligen Offiziums (also dem Sitz der heutigen Glaubenskongregation) und dem Hospiz Santa Marta. Folglich erhebt sich das Gebäude zu einem Teil auf vatikanischem, zum anderen Teil jedoch auf italienischem Territorium, mit dem Status der Exterritorialität. Um der Riesenkonstruktion Platz zu machen, mußte unter anderem ein kleines Waisenhaus abgerissen werden – sehr zum Verdruß des damaligen Kurienkardinals Alfredo Ottaviani, der sich um diese Waisenkinder kümmerte.

Den Auftrag für das Projekt erhielt der berühmte Architekt Pierluigi Nervi, von dem beispielsweise auch das für die Olympischen Spiele 1960 erbaute Stadio Flaminio und der sogenannte kleine Sportpalast im Stadtviertel EUR stammen. Nervi zögerte zunächst. Bei einer Begegnung 1964 mit Paul VI. fragte er, ob man eigentlich so nahe bei Michelangelos Kuppel etwas Neues wagen könne. „O ja", lautete die Antwort des Pontifex. Paul VI., der überhaupt bemerkenswerten Eifer für Bauten und technische Modernisierungen zeigte, ließ sich die Pläne von Nervi fortan genau erläutern. Die Arbeiten dauerten rund sieben Jahre – das Resultat ist ein architektonisches Meisterwerk. Am 25. Juni 1971 haben erstmals in- und ausländische Journalisten, geführt vom Direktor des vatikanischen Pressesaales, Federico Alessandrini, staunend den Neubau besichtigt. Alessandrini erläuterte ihnen die für damalige Verhältnisse (und angesichts der vatikanischen Finanznot) erheblichen

Baukosten von sechs Milliarden Lire. Und er rechtfertigte es, ganz im Sinne des Papstes, daß da mitten zwischen den altehrwürdigen vatikanischen Kirchen und Palazzi nun so eine moderne Konstruktion stand: Die nach und nach erstellten Gebäude „spiegeln in ihren verschiedenen Stilarten stets die Zeiten wider, in denen sie entstanden sind. Deshalb erscheint es richtig, daß die große Audienzaula samt den Nebenräumen in ihren Linien und Formen die gegenwärtige Zeit ausdrückt."

Wenige Tage später, am 30. Juni 1971, weihte Paul VI. im Beisein vatikanischer Würdenträger, des Architekten Nervi und vieler Pilger die *Aula maior*, sprich: die große Audienzhalle, ein. Er habe, so der Pontifex, diese Halle errichten lassen, um den Petersdom vom Zustrom jener buntgemischten und lebhaften Menschenmenge zu „befreien", die zu den Generalaudienzen drängt, und um den Besuchern eine angemessenere Empfangsaula zu bieten. Dann dankte der Papst dem Architekten und fügte hinzu: „Wir selbst haben ihn zu Anfang ermutigt. Dabei wußten wir, daß ... die Nachbarschaft der Petersbasilika hier nicht ein Nacheifern erfordert, sondern die Aufgabe, ein neues Werk an einem privilegierten Ort und mit ideeller Bestimmung zu schaffen."

Die Mittwochsaudienz, bei der Schweizergardisten in ihrer historischen Uniform für Ordnung in dem Gewimmel sorgen, ist vieles zugleich: eine Demonstration der wechselseitigen Verbundenheit zwischen Katholiken aus aller Welt und dem Papst, ein Beweis für die Universalität der Kirche – und für die herbeigereisten Teilnehmer zumeist ein unvergeßlicher Eindruck. Der Papst begrüßt Pilgergruppen aus den verschiedenen Ländern in der jeweiligen Sprache. Beifall braust auf. „Viva il papa!" rufen italienische Katholiken. Und oft hat die Audienz nebenbei einen folkloristischen Aspekt, so etwa wenn polnische Besucher in schönen Trachten ihrem berühmten Landsmann Jan Pawel II. Reverenz erweisen.

Die lichtdurchflutete Aula maior, deren Form an eine Muschel erinnert, hat 6300 Sitzplätze; wenn man einen Teil von ihnen entfernt, steigt die Kapazität auf 12.000. „Und wenn alle Gäste stehen, könnte der Saal vielleicht über 20.000 Personen fassen", heißt es in dem vom Vatikanverlag publizierten Handbuch „Mondo Vaticano". Hinter dem Papstthron in der Aula sieht man ein großes Relief aus vergoldeter Bronze: den „Cristo Risorto" (den auferstandenen Christus) von dem italienischen Bildhauer Pericle Fazzini. Neben der Aula maior gibt es in dem markanten Gebäude natürlich auch eine *Aula minor*, in der mehrere Bischofssynoden tagten (weshalb sie auch „neue Synodenaula" genannt wird), sowie modern ausgestattete Räume für Presse, Funk und Fernsehen. Drei Anlagen für Air Condition sorgen stets für die richtige Temperatur. Auf den technischen Teil der Audienzhalle, so betont das erwähnte Vatikanhandbuch, wurde größte Sorgfalt verwendet: „Beleuchtung, Akustik, Zugänge, Ausgänge und Serviceräume entsprechen voll und ganz den Erfordernissen. Besonders während des Pontifikates von Johannes Paul II. ist die Aula – durch immense Pilgerscharen – bis an die Grenzen ihrer Möglichkeiten erprobt worden."

Wann immer der Papst in Rom oder in Castel Gandolfo ist – und wenn er gesund ist –, hält er mittwochs die Generalaudienz. In der Aula oder bei besonders großem Andrang von Gläubigen auf dem Petersplatz. Auch wenn er während der heißen Jahreszeit ein paar Wochen in seiner Sommerresidenz Castel Gandolfo weilt, kommt er gewöhnlich per Hubschrauber mittwochs in den Vatikan zur „udienza". Kleine Gruppen empfängt er zwischendurch in

Castel Gandolfo (siehe Anhang, Seite 140). Fast alle Teilnehmer der Mittwochsaudienz verlassen gleich nach dem Ereignis den Vatikan wieder. Unser „virtueller Rundgang" durch die Stadt des Papstes geht gleichwohl weiter. Denn nur einen Katzensprung von der Audienzhalle entfernt liegt ein anderes interessantes Gebäude, das gelegentlich in den Blickpunkt der Öffentlichkeit gerät: das *Hospiz Santa Marta*, die einzige Pension im Vatikan.

Papst Leo XIII. war es, der 1884 das „Ospizio di Santa Marta" gegründet und es italienischen Nonnen anvertraut hat. Zunächst diente das Hospiz als Krankenhaus, doch mit der Zeit wurde es zur Aufnahmestätte für Pilger, was zur Folge hatte, daß Santa Marta auch als eine Art kirchliches Gasthaus funktionierte. Just in dieser Eigenschaft kam das Hospiz im Herbst 1978 dem neugewählten Papst Johannes Paul II. sehr zustatten. Und zwar deshalb, weil er ein paar Dutzend polnische Gäste bewirten wollte. Die italienischen Journalisten Stefano De Andreis und Marcella Leone schildern in ihrem Buch „Il pastore venuto da lontano" (Der Hirte, der aus der Ferne kam), was damals, am 23. Oktober, geschah:

„Vor dem Empfang der polnischen Pilger hatte Johannes Paul II. den Erzbischof Caprio beauftragt, ein großes Mittagessen im Hospiz Santa Marta zu organisieren, dem einzigen Gasthof des Vatikans. Caprio fiel aus allen Wolken, als er erfuhr, daß an der Mahlzeit neben 28 polnischen Bischöfen und etwa 40 weiteren Personen auch der Papst teilnehmen würde. Es war das erste Mal in diesem Jahrhundert, daß ein Pontifex ‚auswärts' essen ging. Das Menü war typisch italienisch, aber die Schwestern von Santa Marta hatten in aller Eile auch polnischen Wodka besorgt. Als der Papst kam, schob er den für ihn am Ehrenplatz des Tisches reservierten Thronsessel zur Seite und setzte sich wie die anderen auf einen gewöhnlichen Stuhl. Nach einem kurzen Gebet begann das Essen. Zwar hatten die Vorzimmerprälaten des Papstes die Gäste zum Schweigen ermahnt: ‚Wahrscheinlich werden einige Briefe des heiligen Paulus vorgelesen.' Aber statt Paulus gab es belebte Konversation, die neun Wodkaflaschen waren schnell geleert ..."

Das Hospiz hat jetzt einen doppelten Zweck: Es dient als Wohnung für hohe Kurienbeamte sowie als Quartier für Bischöfe und Kardinäle, die aus den verschiedensten Anlässen – etwa zur Teilnahme an Synoden und Versammlungen der Kongregationen – für eine kurze Zeitspanne nach Rom kommen. Anfang der neunziger Jahre beschloß man im Vatikan, das veraltete Hospiz zu restaurieren und teilweise aufzustocken. Prompt tauchte das Gerücht auf: Soll Santa Marta womöglich die Teilnehmer des nächsten Konklaves beherbergen? Das Gerücht „stimmte", wie sich aus einem im Februar 1996 veröffentlichten Dokument Johannes Pauls „Über die Vakanz des Apostolischen Stuhles und die Wahl des Papstes von Rom" ergab. In dem Dokument bekräftigt der Pontifex, daß die Wahl weiterhin in der Sixtinischen Kapelle stattfinden wird. Zu Beginn der Papstwahl „müssen alle wahlberechtigten Kardinäle eine geeignete Unterkunft im sogenannten Domus Sanctae Marthae, das erst jüngst in der Vatikanstadt fertiggestellt worden ist, erhalten und bezogen haben".

Eine wichtige Änderung! Bei den bisherigen Konklaven nämlich hatten die Papstwähler nahe der „Sixtina", in Sälen des Apostolischen Palastes auf Notbetten übernachten müssen. Das war für die meist schon recht betagten Purpurträger äußerst unbequem, nicht zuletzt wegen der mangelhaften hygienischen Einrichtungen. Der Wojtyla-Papst wußte über diese Dinge Bescheid. Denn er hatte ja selber als damaliger Kardinal-Erzbischof von Krakau am Konklave im schwülen August 1978, bei der Wahl seines dann unerwartet schnell verstorbenen Vorgängers Johannes Pauls I., teilgenommen. Er kannte das Problem. Durch die Restauration von Santa Marta sorgte er für eine Lösung.

Im Blick auf das Konklave pocht Johannes Paul II. sowohl auf die Geheimhaltung als auch auf den freien, nicht von außen beeinflußten Ablauf „aller Handlungen, die mit der Wahl des Papstes verbunden sind". Folglich werden die Sixtinische Kapelle sowie das Hospiz während des Konklaves praktisch von der Außenwelt abgeschnitten. So jedenfalls steht es in dem 70seitigen Dokument, in dem es heißt: Die wahlberechtigten Kardinäle sollen „vom Beginn der Wahlhandlungen bis zur öffentlichen Bekanntmachung der erfolgten Wahl sich jeglicher brieflichen und telefonischen Korrespondenz enthalten". Äußerst strenge Regeln also. Der Bezug von Zeitungen wie auch der Empfang von Radio- oder Fernsehsendungen ist den Konklavemännern untersagt. (Wer gegen diese Vorschriften verstößt, soll exkommuniziert werden.) Für den Betrieb von Santa Marta heißt dies, daß man den Konklave-Kardinälen Telefon, Radio und TV abstellt. Das Telefonverbot bezieht sich auch auf Handys.

Aber ist es möglich, die Purpurträger – wenn sie in Santa Marta wohnen – ein paar Tage lang hundertprozentig von der Außenwelt abzuschotten? Ist es nicht unvermeidlich, daß sie in der Pension anderen Personen begegnen und mit ihnen ein paar Worte wechseln? Wie sollen sie völlig abgeschirmt von der Sixtinischen Kapelle ins Hospiz und zurück gelangen? Das vatikanische Dokument warnt: Die wahlberechtigten Kardinäle dürfen „auf dem Weg vom Domus Sanctae Marthae zum Apostolischen Palast von niemandem erreicht werden können". Darf man daraus schließen: Transport per Kleinbus? Oder besagt dies: Fuß-marsch, still und heimlich, damit niemand die hohen Herren anspricht? Die Purpurträger könnten von der „Sixtina" aus über den Petersdom und das Sakristeigebäude per pedes Santa Marta erreichen und diese Route natürlich auch auf dem Rückweg nehmen. Für ältere und gebrechliche Würdenträger aber recht anstrengend. Auch im Hinblick auf Logistik und Kommunikation wird es rund um die Papstwahl somit allerlei Spekulationen geben. Wird man das Telefonverbot im Hospiz radikal einhalten? Werden sich römische Reporter, vielleicht als Boten verkleidet, in das Hospiz einschleichen, um News aus dem Konklavemilieu zu ergattern? Jedenfalls: Die Schwestern und Wächter von Santa Marta dürften es, wenn die Papstwähler bei ihnen logieren, nicht leicht haben.

7. KAPITEL

Nicht nur für Blumenfreunde: Die Vatikanischen Gärten

„In die Gärten dürfen Sie nur mit Führung." Die Auskunft im vatikanischen Informationsbüro (links vor dem Eingang zum Dom) ist unmißverständlich. Also schließen wir uns einer der Führungen an, die das Büro organisiert. Knapp zwei Stunden für 18.000 Lire. Zunächst geht es im Kleinbus durch den *Arco delle Campane,* den Glockenbogen, am „teutonischen Friedhof" vorbei zur *Piazza Santa Marta.* Die mächtige Apsis des Petersdoms im Rücken und das Gerichtsgebäude zur Linken, stoßen wir auf das Kirchlein *Santo Stefano degli Abessini,* das im Spätmittelalter den koptischen Mönchen zugewiesen und später mehrfach umgestaltet worden war. Das Gelände steigt jetzt leicht an; so werden die Besucher daran erinnert, daß „Vatikan" ursprünglich ein topographischer Begriff war: mons vaticanus, der vatikanische Hügel. Rechter Hand liegt die sogenannte *Mosaik-Werkstatt,* die der Domverwaltung untersteht. Sie wurde vor rund 400 Jahren gegründet, als man Sankt Peter ausgeschmückt hat. Heute werden hier alte Mosaike, besonders die der Peterskirche, restauriert, aber auch neue, für andere Gotteshäuser, hergestellt.

Eine kurze Steigung führt uns zum *Bahnhof,* der heute schon fast „ausrangiert" ist. Ein enormes Tor, von zwei Sphinxen bewacht, trennt die vatikanische Eisenbahnlinie von der italienischen. Gelegentlich öffnet sich das Tor – für einen Gütertransport. Ansonsten ruht die „stazione ferroviaria" im Dornröschenschlummer. Papst Pius XI. hatte den Bahnhof gleich nach Gründung des Vatikanstaates 1929, wie zum Beweis seiner Unabhängigkeit, prunkvoll erbauen lassen. Doch nur ein einziges Mal hat ein Pontifex den Bahnhof für eine Reise über Rom hinaus benützt: Johannes XIII. unternahm am 14. Oktober 1962, anläßlich des bevorstehenden Zweiten Vatikanischen Konzils, eine Wallfahrt nach Loreto und Assisi. Und zwar in einem vom italienischen Staatspräsidenten ausgeliehenen Eisenbahnwaggon. Auch Johannes Paul II. vertraute sich einmal dem Bähnchen an, als er nämlich die römischen Eisenbahner in ihrem Depot besuchte. Rechts vom Bahnhofsplatz erhebt sich der *Gouverneurspalast*, ein langgestreckter, von einer Madonnenstatue gekrönter Bau, in dem die Verwaltung der Vatikanstadt ihren Sitz hat. Auf dem Rasen davor ein gärtnerisches Schmuckstück aus Buchsbaumhecken und Blumen: das *Wappen* des jeweils regierenden Papstes. Das Wappen Johannes Pauls II. zeigt (unter der Tiara und den Petersschlüsseln) ein gelbes Kreuz und rechts unten den Buchstaben M – für Maria.

Am Gouverneurspalast beginnt, genaugenommen, unsere Fahrt durch die Gärten. Die gepflegten Grünanlagen, in denen viele Grotten und Lauben, Brunnen und Statuen zum Verweilen einladen, machen etwa ein Drittel der Fläche der Vatikanstadt aus. Wir biegen nun in die Viale dell'Osservatorio ein. Sie führt uns in die Nähe einer Bronzestatue des heiligen Petrus, die von Palmen umgeben fast genau in der Mitte des Vatikans steht, und weiter zum *Seminario Etiopico*. Das Stephanskirchlein zuvor und nun dieses Seminar: Warum derlei Abessinisch-Äthiopisches im Bannkreis von Sankt Peter? Das hat seine eigene, historische Bewandtnis. Unter dem heiligen Frumentius, einem Schüler des heiligen Markus, der seinerseits ein Schüler des Apostels Petrus war, hatte sich in Äthiopien schon sehr früh eine christliche Gemeinde gebildet. Aus Verehrung für den Nachfolger Petri unternahmen immer wieder Pilger aus dem afrikanischen Land die lange, extrem beschwerliche Reise nach Rom. Als Zeichen der Anerkennung für diese erwiesene Treue erlaubte man den Afrikanern, sich hinter der Petersbasilika die erwähnte Kirche Sankt Stephan zu bauen, deren Innenraum noch mit antiken Säulen geschmückt ist. Inschriften- und Sargfragmente an den Außenmauern stammen aus der unter dem Petersdom entdeckten Nekropole, die bis hierher reichte. Als Mitte der zwanziger Jahre die katholischen Äthiopier in Rom Papst Pius XI. ihren Wunsch vortrugen, ein Heim für angehende Priester zu errichten, schenkte er ihnen ein Stück Land in seinen Gärten. „Warum ausgerechnet die Äthiopier?" fragte man den Pontifex. „Weil etwas schwarz ganz gut zu weiß paßt", antwortete er verschmitzt, unter Anspielung auf die dunkle Hautfarbe der Äthiopier und das traditionelle Weiß der Kirche.

So erklärt es sich, daß die Äthiopier das Privileg haben, mitten im Vatikan wohnen zu dürfen. Sicher eine Überraschung für die meisten Besucher der Gärten (Deutschland und Äthiopien sind die einzigen Länder, die ein Kolleg im Vatikan haben). Übrigens: Bei schönem Wetter, bei wolkenlos blauem Himmel, hat man vom Seminario Etiopico einen prächtigen Blick auf einen Teil der Ewigen Stadt. In der Ferne sieht man die Fahne auf dem Quirinalspalast, dem Amtssitz des italienischen Staatsoberhauptes, der auch einmal die Sommerresidenz der Päpste war.

Auf der Höhe des „mons vaticanus" angelangt, geht die Fahrt an einer Ziegelmauer entlang. Sie gehörte zu den frühesten *Befestigungen des Vatikans*, die Papst Leo IV. Mitte des 9. Jahrhunderts anlegen ließ – zum Schutz der Peterskirche besonders gegen die Sarazenen, die von der Tibermündung her die Stadt angriffen. Zum Verständnis ist abermals ein geschichtlicher Exkurs nötig. Der Vatikanhügel liegt ja außerhalb der antiken Stadtmauern. Hier, auf der rechten Seite des Tiber, wohnten ursprünglich Etrusker – aus deren Sprache stammt vermutlich auch der Name „vaticanus". Als die alten Römer dieses Land eroberten, fanden sie eine sehr unwirtliche, öde Gegend vor. Tacitus spricht in seinen Annalen von den „verheerenden vatikanischen Ortschaften". Der Wein, der hier gedieh, war Sauerampfer. Weshalb der Dichter Martial spottete: „Wenn du den vatikanischen Wein trinkst, dann trinkst du Gift ... Wenn du Essig gern hast, dann magst du den Wein des Vatikans trinken." Aufgewertet wurde das Gebiet dann durch Agrippina, die Mutter des Kaisers Caligula, die dort Gärten anlegen ließ. Ihr Sohn baute jenen Zirkus, den Kaiser Nero erbte und in dem bekanntlich die ersten Märtyrer starben. Parallel zu diesem „circo" entstand eine Nekropole. Just an dieser Stelle ließ im 4. Jahrhundert Kaiser Konstantin die erste Basilika über dem Grab des heiligen Petrus bauen. Sie war jedoch, weil außerhalb der Stadt gelegen, gänzlich ungeschützt. Um Plünderer abzuwehren, errichtete Leo IV. die schon erwähnten hohen Mauern: Erst in ihrem Schutz konnten sich Menschen ansiedeln, konnte sich eine eigene, neue Stadt entwickeln.

„Im 15. Jahrhundert wurde die Mauer aufgestockt und mit Wehrtürmen versehen", erläutert unsere Reiseleiterin und lädt zu einem Fotostopp ein. Denn links liegt der sogenannte *Italienische Garten* mit symmetrischen Blumenbeeten und kunstvoll gestutzten Hecken. In der Nähe sehen wir die Keimzelle von *Radio Vaticana*, sprich: das erste Gebäude des vatikanischen Rundfunks. Guglielmo Marconi, der italienische Nobelpreisträger und Pionier der drahtlosen Nachrichtentechnik, hat es entworfen, und Marconi war 1931 dabei, als Pius XI. von hier aus die erste Radiobotschaft eines Papstes sprach. Der Päpstliche Rat für soziale Kommunikationsmittel bewahrt Filmaufnahmen von jener denkwürdigen Szene.

Weiter nun längs jener Mauer, die praktisch den Vatikanstaat begrenzt. Vor uns erhebt sich der mittelalterliche *Torrione di San Giovanni*. Benannt sowohl nach Johannes dem Täufer wie nach Johannes dem Evangelisten, die beide über dem Eingang dargestellt sind. Der Turm ist aber auch mit Johannes XXIII. verbunden, dessen Wappen man ebenfalls über dem Turmeingang sieht. Denn er, den die Italiener als „papa buono", als guten, gütigen Papst verehren, ließ sich hier eine Wohnung einrichten. Als Einsiedelei und Sommerquartier – weil er in der heißen Jahreszeit nicht immer nach Castel Gandolfo reisen mochte. Als im Oktober 1962 das von ihm einberufene Konzil begann, plante er, die Arbeiten der großen Kirchenversammlung im Vatikan auch während der Sommermonate 1963 vor Ort zu verfolgen und im Turm zu wohnen. Er ahnte nicht, daß er den nächsten Sommer gar nicht mehr erleben würde: Schon Anfang Juni 1963 starb Johannes XXIII. an Krebs. Hatte der „papa buono" bei dem Appartment nebenbei auch an die Unterbringung von Besuchern gedacht? Mag sein. Tatsächlich haben illustre Gäste des Heiligen Stuhls vorübergehend im Torrione di San Giovanni gewohnt. Etwa Kardinal Joseph Mindszenty, eine Symbolfigur des antikommunistischen Widerstandes. Der Fürstprimas von Ungarn hatte 1971 auf Drängen Pauls VI. die amerikanische Botschaft in Budapest (in die der Kardinal bald nach der Niederschlagung des Aufstandes von 1956 geflüchtet war) verlassen, um die vatikanische Ostpolitik nicht zu behindern. Im September 1971 reiste er nach Rom; später übersiedelte er nach Österreich. Zwischendurch, nämlich 1967, beherbergte der Torrione beispielsweise den Patriarchen Athenagoras von Konstantinopel. Für Johannes Paul II. war der Johannesturm ein willkommenes Ausweichquartier – als die Privatgemächer des Papstes im Apostolischen Palast renoviert wurden.

Türme, Mauern, Päpste – da erwähnt unsere Reiseleiterin natürlich auch Pius XII., der fast jeden Tag nach Tisch ganz allein eine Stunde lang um eine grünumrankte Mauer nahe dem Torrione herumspazierte, sogar bei Wind und Regen, weshalb man ein Glasdach auf beiden Seiten anbrachte. Nur ein kurzes Stück vom Johannesturm, auf der äußersten westlichen Eckbastei des Vatikans, liegt der „Flughafen" des Ministaates: ein *Hubschrauberlandeplatz*. Paul VI. hatte ihn anlegen lassen, um auch in den Sommermonaten von Castel Gandolfo schnell zur Generalaudienz nach Rom zu gelangen, besonders im Heiligen Jahr 1975, als Pilger in Massen nach Rom strömten. Daß Johannes Paul II., der mobilste und reisefreudigste aller Nachfolger Petri, den Hubschrauberlandeplatz oft benützt, versteht sich von selbst. Seit 1994 steht am Rande des Helikopterplatzes eine Bronzeskulptur: Maria mit dem Jesuskind im Arm – ein Geschenk des polnischen Klosters Jasna Gora in Tschenstochau an den „polnischen Papst" Karol Wojtyla.

„Bitte aussteigen", sagt an dieser Stelle die Reiseleiterin, „jetzt geht es per pedes weiter." In der Tat beginnt nun ein schöner Fußweg zwischen alten Olivenbäumen. Die Etappen dabei sind *Skulpturen, Grotten, Bäume*, die an aufsehenerregende Ereignisse der verschiedensten Art erinnern. Etwa jenes Marmordenkmal, das die Mexikaner 1939 dem Papst schenkten und das die Marienerscheinung von Guadalupe darstellt. Oder jener noch kleine Ölbaum, den man anläßlich der Aufnahme diplomatischer Beziehungen zwischen dem Heiligen Stuhl und Israel hier pflanzte.

70

Oder die Nachbildung jener berühmten Grotte in Lourdes, in der 1858 die Muttergottes dem Hirtenmädchen Bernadette Soubirous erschien. Die Franzosen haben diese Grotte 1902 hier für Leo XIII. errichtet. Und zwar auf Initiative des Oberhirten von Tarbes und Lourdes, Bischof Schoepfer, der ebenso wie der Pontifex über der Grotte in einem Mosaikbild gezeigt wird. Manchmal zelebrieren die Päpste an diesem Ort die Messe, etwa für die vatikanischen Gärtner oder für Kranke, die man (wie in Lourdes) in ihren Rollstühlen hierherbringt.

Etwas abseits, auf der Wiese, sehen wir eine Bronzestatue, die der Amerikaner Frederick Shradi zur Erinnerung an das Papstattentat von 1981 geschaffen hat: die „Madonna von Fatima". Auf dem Marmorsockel steht nur ein Datum: 13. Mai 1981. Tatsächlich erfolgte der Anschlag, bei dem der türkische Terrorist Ali Agca auf dem Petersplatz Johannes Paul II. niederschoß, am Jahrestag der Madonnenerscheinung im portugiesischen Fatima. Der Papst, das Opfer, wird auf dem Denkmal nicht genannt – denn er wollte jeden Eindruck des Protagonismus vermeiden. Ihm ging es lediglich um den Dank an die Gottesmutter. Nach Überzeugung des Polen Karol Wojtyla, der ja ein glühender Verehrer der Madonna ist, hat er (der Papst) 1981 nur dank Mariens Hilfe überlebt; die schützende Hand der Gottesmutter habe ihn behütet.

Der Rundgang durch die Gärten ermöglicht immer wieder neue, grandiose Ausblicke. Etwa vom *Rosengarten* aus, wo den Hobbyfotografen das Herz höher schlägt. Gibt es einen schöneren Blick auf Apsis und Kuppel der Peterskirche als durch die bogenförmigen Rosenstöcke hindurch? Auch die Sixtinische Kapelle gerät ins Blickfeld, und links davon ein Trakt, in dem das „Außenministerium", eine Abteilung des Staatssekretariates, untergebracht ist. Gleich nach dem Rosengarten erhebt sich ein mächtiger alter Turm, der heute samt Anbauten zu *Radio Vatikan* gehört. Hoch oben die Richtfunkantenne und daneben eine Anlage, die mit Satelliten in Verbindung steht. Allerdings, diese Funkstation versorgt nur den Nahbereich rund um den Vatikan. Die eigentliche Sendeanlage von Radio Vaticana befindet sich etwa 25 Kilometer nördlich von Rom, in Santa Maria di Galeria, auf einem Gelände, das wesentlich größer ist als das Territorium der Vatikanstadt. (Die umfangreiche Redaktion des Senders hat ihren Sitz unweit vom Petersdom, vor der Engelsburg.) In dem Radioturm war übrigens früher, vor 1936, die Vatikanische Sternwarte untergebracht, die dann in den päpstlichen Sommersitz Castel Gandolfo „umzog". Ein Anbau des Turms ist das einstige Sommerhaus von Leo XIII. Da sich dieser Papst – wie im 3. Kapitel geschildert – in Opposition zum ringsum liegenden italienischen Königreich als „Gefangener" betrachtete, hat er den Vatikan während seines Pontifikats (1878–1903) nie verlassen. Auf ihn geht ein wesentlicher Teil der vatikanischen Gartenanlagen, so wie wir sie heute kennen, zurück.

An Leo XIII. erinnert ein kurioses *Bronzerelief* an der Wand des Gebäudes. Kurios, weil es in die Irre führt. Es zeigt den Papst und ein knappes Dutzend anderer Männer – voran der „eiserne" Kanzler Bismarck und dahinter Kaiser Wilhelm I. Sogleich stutzt man: Waren diese beiden preußischen Protestanten denn je zusammen beim Papst? Nein. Die Szene ist symbolisch gemeint. Der Hintergrund: Bismarck hatte im Zuge seiner Kolonialpolitik die den Spaniern gehörenden Karolinischen Inseln im Pazifik besetzen lassen; es gab Proteste, ein Krieg drohte, bis Bismarck den Pontifex um Vermittlung bat. Der Vatikan tüftelte 1885 einen Kompromißvertrag aus. Deshalb sieht man auf dem

Relief den Papst, der den Vertragstext gleichzeitig dem deutschen Reichskanzler und dem damaligen spanischen Ministerpräsidenten übergibt. Im Hintergrund reichen sich Kaiser Wilhelm I. und der spanische König Alfons XII. zur Versöhnung die Hand. Und am rechten Bildrand stehen Kapuzinermönche, denen man die Missionierung der Inseln anvertraute. Das von einem Spanier geschaffene Relief wurde dem Papst von einer italienischen Diözese geschenkt – um ihn als Friedensstifter und großen Vermittler zwischen den Staaten zu ehren.

Von der Geschichte zurück in die Gegenwart, zurück zu unserer Gartentour. Vom Radioturm führt die alte, von Bougainvillea umrankte Mauer nach rechts zum einzigen *Frauenkloster* des Vatikans, *Mater Ecclesiae:* In dem von Johannes Paul II. gewünschten, 1994 eingeweihten und natürlich nicht zu besichtigenden „monastero" beten acht Nonnen für die Kirche und den Frieden. Bis 1999 sind es Klarissinnen, dann kommt ein anderer Orden an die Reihe.

Unsere nächste Etappe ist der *Platz der Madonna della Guardia.* Benannt nach der hier in einem Tempelchen aufgestellten Nachbildung jener Madonna della Guardia, der Wächter-Madonna, die an der Hafeneinfahrt von Genua steht. Die Statue ist ein Geschenk der Genueser an Papst Benedikt XV., der ja aus der ligurischen Hauptstadt stammte und der immer wieder gern zu dieser Statue in seinem Garten ging. – Türme, Grotten, Denkmäler, weltliche und sakrale Bauten: Was man da in den Grünanlagen hinter dem Petersdom gebaut hat, ist nicht nach einem großen Plan am Reißbrett skizziert worden, sondern eher zufällig im Lauf der Jahrhunderte entstanden. Es sind Mosaiksteine im bunten vatikanischen Panorama und geschichtsträchtige Zeugnisse: ein Park somit keineswegs nur für Blumenfreunde ...

Ein bißchen Kirchengeschichte ist auch im sogenannten *Englischen Garten* (mit natürlichem Bewuchs) präsent, den wir nun durchqueren. Denn zwischen den Bäumen dort hat man die *Marmorstatue "Petrus in Ketten"* aufgestellt, ein Werk von Amalia Dupré aus dem Jahr 1887. Petrus in Ketten: Ein Symbol für die Situation der Päpste nach 1870, als die Nachfolger Petri lange Zeit – in Opposition zum neuen italienischen Nationalstaat – den Vatikan nicht verließen, ja sich als "Gefangene im Vatikan" empfanden. – Auf schattigem Weg geht es bergab zum großen, barocken *Adlerbrunnen*, den der Holländer Jan van Santen (in Italien nannte er sich Vasanzio) im Auftrag Papst Pauls V. schuf. Ein Adler krönt diese künstliche Grottenanlage; zwei Greife speien Wasser in ein ovales Becken. Denn Adler und Greif sind die Wappentiere der Borghese, der Familie Pauls V. Von Vasanzio stammen übrigens die meisten Brunnen in der Vatikanstadt. Zu diesem Zweck stellte er den antiken Aquädukt wieder her, der das Wasser aus dem Braccianer See, 40 Kilometer nördlich von Rom, in den Vatikan bringt.

Unser Rundgang führt uns weiter zur *Casina Pio IV.* aus dem 16. Jahrhundert. Dieses bezaubernde, gut erhaltene Sommerschlößchen hat der Architekt und Wasserbauspezialist Pirro Ligorio gebaut, derselbe, der auch die berühmte Villa d'Este in Tivoli schuf. Die Außenwände der Casina Pio IV. sind mit Stuckreliefs und Mosaiken, die Decken innen mit Fresken geschmückt. Ein ovaler Innenhof verbindet harmonisch die vier Baukörper. Da Pius IV. aus dem Geschlecht der Medici stammte, fehlt natürlich auch das steinerne Wappen der Medici mit den sechs Kugeln nicht. In dem Schlößchen hat die *Päpstliche Akademie der Wissenschaften* ihren Sitz, deren Mitglieder – Gelehrte aus aller Welt – sich hier zu Tagungen treffen.

Über einen Steig gelangen wir auf einen gepflasterten Platz, an dem der *Sakramentsbrunnen* liegt. Seinen Namen verdankt er dem raffinierten Wasserspiel, das eine Monstranz bildet. Wie der Adlerbrunnen ist auch diese barocke Fontäne ein Werk des Vasanzio. Der Brunnen lehnt sich an ein Gebäude an, in dem einst die Zecca, die päpstliche Münze, untergebracht war und das heute als Speicher dient – hier wird auch der legendäre Ofen aufbewahrt, den man zum Konklave, zur Papstwahl, in die Sixtinische Kapelle bringt, um darin nach jedem Wahlgang die Stimmzettel zu verbrennen. Ein Stück weiter gelangen wir auf den sogenannten *Bäckereiplatz* – hier wurde anno dazumal das Brot für die Vatikanbewohner gebacken. Beherrscht wird diese Piazza von einem mächtigen *Festungsturm* mit Wehrumgängen und Schießscharten. Jener von Sixtus IV. erbaute Turm, in dem die nach ihm benannte, weltberühmte *Sixtinische Kapelle* liegt.

„Damit sind wir am Ende unserer Gartentour angelangt", sagt die Reiseleiterin leicht erschöpft. Stimmt. Doch vielleicht gelingt es uns, noch eine Stippvisite am Nordende des Vatikans zu machen. Dazu nehmen wir jene Straße, die zur *Pinakothek* führt und weiter dann in den weniger schönen, von Gewächshäusern und Schuppen bestimmten Teil der Gärten. Warum der Abstecher? Weil hier, in einem ehemaligen Weinberg, ein überraschendes und trotz seiner Scheußlichkeit eindrucksvolles Monument steht: ein fast vier Meter hohes, bunt verschmiertes *Bruchstück der Berliner Mauer*. Ein Italiener hat es 1990 dem Papst geschenkt, zum Dank für dessen wichtige Rolle bei der Überwindung der kommunistischen Regime und der Beseitigung des Eisernen Vorhangs. Eine Marmortafel nennt den Stifter und zitiert aus der Antrittsrede Johannes Pauls II. von Ende Oktober 1978: „Habt keine Angst.

Öffnet, ja reißt die Tore weit auf für Christus, für seine Herrschergewalt. Öffnet die Grenzen der Staaten und die wirtschaftlichen ebenso wie die politischen Systeme. Habt keine Angst!" Ein ergreifender Appell, prophetische Worte. Schade, daß nur wenige Vatikanbesucher das Mauer-Denkmal zu sehen bekommen.

Unser Abstecher ist zu Ende. Zurück zum Bäckereiplatz unterhalb der päpstlichen Paläste. Durch einen Torbogen dort, den Arco della Sentinella, können wir eine Reihe von Höfen erspähen. Aber wer dreist vordringen will, der wird von einem Wächter gestoppt. Schluß also. An der Apsis der Peterskirche entlang gehen wir zurück – Platz von Santa Marta, Platz der Protomärtyrer, Glockenbogen. Hinaus auf den Petersplatz. Die Schweizergardisten grüßen stramm.

8. KAPITEL

Blick zur Kirchenspitze:
Papst und Kurie

Sonntagvormittag auf dem Petersplatz. Ein paar tausend Menschen, teils Pilger, teils bloß neugierige Touristen, warten gespannt darauf, den Papst zu sehen und zu hören. Kurz vor 12 Uhr ist es soweit. Im Apostolischen Palast, hoch oben rechts über den Kolonnaden, öffnet sich ein Fenster. Johannes Paul II., ganz in Weiß, tritt an die Brüstung und hält eine kurze Rede: die „Papst-Ansprache beim Angelus", so benannt, weil sich direkt das Gebet „Angelus Domini" (Engel des Herrn) anschließt. Der oberste Hirte spricht aus seiner Privatwohnung im dritten Stock des Palazzo Apostolico. Papst und Vatikan – das ist für unzählige Besucher der Ewigen Stadt praktisch ein und dasselbe. Doch vor langer, langer Zeit verhielt es sich ganz anders. Die erste offizielle Residenz der Bischöfs Roms nämlich war nicht der Vatikan, sondern – auf der anderen Seite des Tiber – der Lateran, einst Besitz der römischen Familie der Laterani.

Auf Papst Symmachus geht, zu Beginn des 6. Jahrhunderts, die ursprüngliche Anlage einer bischöflichen Residenz im Vatikan zurück, denn Symmachus konnte wegen eines Schismas den Lateran nicht beziehen. Nach und nach hat man die Anlage ausgebaut. Nikolaus III. war der erste Pontifex, der den Vatikan als ständige Residenz ansah. Der ausgesprochen festungsartige Charakter der mittelalterlichen Bauten macht klar, daß die Päpste den Vatikan als sicheren Hort in brenzlichen Situationen verstanden. Mitte des 15. Jahrhunderts begann eine neue Phase der Bautätigkeit. Carlo Pietrangeli, der frühere Generaldirektor der päpstlichen Monumente und Museen, schreibt:

„Die alte Aufgabe – würdiger Sitz des Papstes apud Sanctum Petrum und Sicherheit der Residenz – wurde mit an der Antike geschulten Augen und im Geist der Frührenaissance neu in Angriff genommen. Unter Nikolaus V. wurden Nord- und Ostflügel vollendet, wobei das Äußere des Baus die Züge einer wehrhaften, schmucklosen Burg bewahrte, die er bis auf den heutigen Tag trägt. Papst Sixtus IV. gab der von Nikolaus begonnenen Bautätigkeit neuen Auftrieb. Die Bibliothek ließ er in den vier Erdgeschoß-Sälen des Nordflügels am sogenannten Papageienhof ordnen – im mittleren Stockwerk dieses Gebäudes liegen die Borgia-Gemächer und im obersten die Stanzen Raffaels ... Doch ist der Name Sixtus' IV. vor allem an die berühmte Sixtinische Kapelle geknüpft, die er als Palastkapelle errichten und von den hervorragendsten Künstlern seiner Zeit ausschmücken ließ."

Auch Julius II. und Paul III. haben dann der Baugeschichte des Vatikans ihren Stempel aufgedrückt. Der letzte Pontifex, der sich als Bauherr im Vatikan und in Rom hervortat, war Sixtus V. im späten 16. Jahrhundert. Er beauftragte den Architekten Domenico Fontana mit der Errichtung der neuen Bibliothek sowie eines weiteren Palastes. Die heutige Papstresidenz bildet die ununterbrochene Folge von Räumen um den Hof Sixtus' V. bis zur päpstlichen Privatbibliothek, wo der Heilige Vater in Privataudienz Besucher empfängt.

Papst (nach dem griechischen Wort *pappas* = Vater) ist der seit dem 5. Jahrhundert gebräuchliche Ehrentitel für den Bischof von Rom als Oberhaupt der Kirche. Diese im Lauf der Geschichte immer mehr theologisch begründete und rechtlich ausformulierte Stellung der römischen Bischöfe geht bekanntlich zurück auf den ersten von ihnen, jenen Simon Petrus, zu dem Jesus (wie das Matthäusevangelium berichtet) gesagt hat: „Du bist Petrus, und auf diesen Felsen werde ich meine Kirche bauen ... Ich werde dir die Schlüssel des Himmelreiches geben ..." Bis heute führt der Papst unter seinen Titeln als ersten den eines „Bischofs von Rom". Die anderen Titel? Stellvertreter Jesu Christi, Nachfolger des Apostelfürsten, Oberhaupt der universalen Kirche, Patriarch des Westens, Primas von Italien, Erzbischof und Metropolit der Provinz Rom, Souverän des Staates der Vatikanstadt.

Nach geltendem Kirchenrecht hat der Papst „kraft seines Amtes die höchste, volle, unmittelbare und universale ordentliche Gewalt in der Kirche, die er immer frei ausüben kann". Ist er also ein absolutistischer Monarch? Dem Gesetz nach vielleicht schon. Aber jede wichtige päpstliche Entscheidung fällt heute erst nach einer mehr oder minder breiten kollegialen Beratung. Hatte das Erste Vatikanische Konzil (1869–1870) den Primat des Papstes betont, ja sogar seine lehramtliche Unfehlbarkeit verkündet, so hob das Zweite Vatikanische Konzil (1962–1965) demgegenüber die bischöfliche Kollegialität hervor. Also die gemeinsame Verantwortung aller Bischöfe „mit und unter dem Papst" für die Weltkirche. Bei der Abfassung manch wichtigen Dokumentes berücksichtigen der Pontifex und seine Mitarbeiter im Vatikan die Vorschläge der Bischofskonferenzen. Die *Römische Kurie* andererseits ist der verlängerte Arm des Papstes, das Instrument für die Verwaltung und Leitung der Gesamtkirche. Sie wirkt im Namen und mit der Autorität des Pontifex. Paul VI. hat 1967 die Kurie umgestaltet, besonders durch Anpassung an die Ergebnisse des Konzils. Die heute geltende Verfassung der Kurie jedoch basiert auf der Apostolischen Konstitution „Pastor Bonus" (Guter Hirte), die Johannes Paul II. im Juni 1988 erließ.

Laut „Pastor Bonus" handelt es sich bei der Kurie um jene „Gesamtheit von Dikasterien und Organismen, die dem Römischen Papst bei der Ausübung des obersten Hirtenamtes ... helfen und beitragen zur Stärkung der Einheit im Glauben, zur Gemeinschaft des Gottesvolkes sowie des kirchlichen Sendungsauftrages in der Welt". Warum „Dikasterien"? Nun, so hießen die Volksgerichte in der griechischen Antike. Weil der Papst in der Petrusnachfolge auch das Amt eines Schiedsrichters ausübte, fand der Begriff Dikasterium Eingang in den römischen Sprachgebrauch. Dikasterien der Kurie sind das Staatssekretariat und die Kongregationen, ferner die päpstlichen Gerichtshöfe und Räte.

Die Schaltzentrale der Kurie ist demnach das *Staatssekretariat* – der an seiner Spitze stehende Kardinalstaatssekretär nimmt die zweithöchste Position in der katholischen Hierarchie ein. Der Kardinalstaatssekretär, der im selben Palazzo wie der Pontifex wohnt, hat zweimal wöchentlich Audienz beim Papst; da werden die Richtlinien der kirchlichen (und kirchenpolitischen) Tätigkeit festgelegt und aktuelle Probleme behandelt. Der „Segretario di Stato" leitet die regelmäßigen Versammlungen aller Kardinalpräfekten der römischen Dikasterien. Und er managt praktisch auch den Staat der Vatikanstadt (SCV), weil der Papst ihm 1984 die weltliche Macht und die Verantwortung für diesen Ministaat übertragen hat, um sich selber mehr geistlichen Aufgaben und der Leitung der Weltkirche widmen zu können.

Das Staatssekretariat besteht aus zwei Abteilungen. Die *Erste Sektion* (für allgemeine Angelegenheiten) soll laut „Pastor Bonus" alles abwickeln, was den täglichen Dienst

II

IV

VI

VII

des Papstes betrifft. Das bedeutet eine enorme Arbeit in den verschiedensten Bereichen. Es besagt Zuständigkeit für alles, was nicht ausdrücklich in die Kompetenz einer bestimmten Vatikanbehörde fällt. Geleitet wird die Erste Sektion vom sogenannten *Substituten*, dem Stellvertreter des Kardinalstaatssekretärs im Verwaltungsapparat. Der erfahrene Vatikanjournalist Luitpold A. Dorn schreibt über den Substituten:

„Er bedient die Hebel der Schaltzentrale, er ist die wichtigste Kontaktperson zwischen dem Papst und allen, die sich an ihn wenden möchten. Über seinen Schreibtisch läuft alle wichtige ein- und ausgehende Post ... Der Substitut steht dem Papst immer zur Verfügung. Ihn ruft er, wenn sein eigenes, persönliches Sekretariat mit irgendwelchen Fragen oder Problemen nicht zurechtkommt. Er muß nicht nur immer am ‚heißen' und direkten Draht erreichbar sein, sondern gegebenenfalls auch sehr schnell die hundert Schritte von seinem Amt oder seiner Wohnung (die unterhalb des Amtes liegt und eine schöne Terrasse über dem Petersplatz hat, vor der Sixtinischen Kapelle) zum päpstlichen Appartement gehen. Wenn es sein muß, auch mitten in der Nacht. Der Substitut ist der Erstverantwortliche für die Ausführung päpstlicher Anweisungen ... Er bleibt auch beim Tod eines Papstes als Leiter der zentralen Kurienbehörde im Amt und ist in der Zeit der Sedisvakanz dem versammelten Kardinalskollegium verantwortlich."

In der Ersten Sektion des Staatssekretariates landet jeder an den Papst adressierte Brief. In diesem Ressort gibt es Sprachsektionen – natürlich auch für Deutsch. Ihre Aufgabe besteht etwa darin, päpstliche Dokumente in die jeweilige Sprache zu übersetzen oder diese Übersetzung zu veranlassen und zu redigieren; aber sie sind auch ein

„Scharnier" zwischen ihrer Heimatkirche und Rom. Der Ersten Sektion des Staatssekretariates unterstehen übrigens auch der Pressesaal des Heiligen Stuhls und Radio Vatikan.

Während die Erste Sektion, wenn man so will, die Aufgaben einer Präsidialkanzlei und eines Kanzleramtes vereint, fungiert die *Zweite Sektion* („für die Beziehungen zu den Staaten") praktisch als päpstliches Außenministerium. Die Mitarbeiter dieser Behörde kommen zumeist aus dem diplomatischen Dienst. Der Vatikan unterhält Beziehungen zu rund 120 Staaten sowie zu allen wichtigen internationalen Organisationen. Die Zweite Sektion des Staatssekretariates will diese Beziehungen pflegen und die gemeinsamen Angelegenheiten eventuell auch mittels Konkordaten regeln. Im vatikanischen „Außenministerium", versteht sich, laufen die Berichte der päpstlichen Botschafter, der Nuntien, ein – und hauptsächlich hier erhalten sie ihre Weisungen.

Den staatlichen Ministerien in etwa vergleichbar sind die *Kongregationen.* Früher hießen sie „Heilige Kongregationen" – bis ihnen Johannes Paul II. das „heilig" wegnahm, weil es nicht zu reinen Verwaltungsbehörden (schon gar nicht in der modernen Zeit) paßte. Es gibt Kongregationen für neun Ressorts, nämlich

- für die Glaubenslehre
- für die Orientalischen Kirchen
- für den Gottesdienst und die Sakramentenordnung
- für die Selig- und Heiligsprechungverfahren
- für die Bischöfe
- für die Evangelisierung der Völker (Mission)
- für den Klerus
- für die Institute des gottgeweihten Lebens (Orden)
- für die Seminare und Studieneinrichtungen

Zwar sind die von Kardinälen geleiteten Kongregationen prinzipiell gleichrangig, doch jene für die *Glaubenslehre* wird im Päpstlichen Jahrbuch nicht zufällig als erste genannt: Sie ist nicht bloß die älteste, sondern sachlich die wichtigste. Gegründet wurde sie im Zeichen der Gegenreformation, zur Verteidigung des Glaubens gegenüber Irrlehren. „Congregatio Romanae et Universalis Inquisitionis" lautete ihr Name – damit war das Stichwort *Inquisition* gegeben. Als Inquisitionsbehörde lehrte sie zahlreiche eigenwillige Denker das Fürchten. Sie urteilte nicht selten falsch und brachte angebliche Ketzer (wie den Philosophen Giordano Bruno) auf den Scheiterhaufen, die inzwischen von Rom direkt oder indirekt rehabilitiert worden sind. An der Spitze dieser Behörde standen meist Angehörige des Dominikanerordens, laut römischem Volksmund „canes Domini", Hunde des Herrn. Zu Beginn unseres Jahrhunderts hat Pius X. die Inquisition in „Heiliges Offizium" umbenannt. Und unter Paul VI. erhielt diese Behörde ihren jetzigen Namen. Aber die wenig ruhmreiche Geschichte stellt zweifellos eine Hypothek für das Image dieser Kongregation dar: Für viele Zeitgenossen steht sie immer noch ein bißchen im Ruch der Inquisition.

Der von dieser Behörde einst erstellte, berüchtigte *Index* verbotener Schriften existiert de facto nicht mehr. Aber die moralische Verpflichtung der Katholiken, keine für Glaube und Sitte schädlichen Veröffentlichungen zu lesen und zu verbreiten, besteht weiterhin. An die Stelle der Zensoren in der Kongregation, die den Index anfertigten, ist eine Studienabteilung getreten, die sich – wie Luitpold A. Dorn erläutert – „mit den verschiedenen theologischen Tendenzen und in der Diskussion stehenden Fragen befaßt und darauf achtet, daß das Depositum der geoffenbarten Wahrheit unangetastet bleibt. Der ständige Austausch mit der ganzen theologischen Bewegung in der Weltkirche ... bildet heute die wichtigste Beschäftigung dieser Kongregation." Lehrverfahren sind also nicht der Hauptauftrag – aber sie gehören dazu.

Besonderen Wirbel in deutschsprachigen Landen hat in den siebziger Jahren der *Fall Küng* erregt. Was war geschehen? Der aus dem Kanton Luzern stammende Schweizer Hans Küng hatte schon 1957 mit seiner theologischen Doktorarbeit über die Rechtfertigungslehre die vatikanischen Glaubenswächter mißtrauisch gemacht. Angeblich legten sie ein Dossier über ihn an. Dessen ungeachtet war der eigenwillige Schweizer als Berater beim Zweiten Vatikanischen Konzil tätig. Küng machte Karriere, er stieg zum Professor für Dogmatik und ökumenische Theologie in Tübingen auf. In seinen Büchern „Christ sein" und „Existiert Gott?", die Bestseller wurden, versuchte Hans Küng, den Intellektuellen von heute die christlichen Wahrheiten in zeitgemäßer Form und Sprache nahezubringen. Wich er dabei von der katholischen Lehre ab? Die Glaubenskongregation jedenfalls lastete ihm an, er verkürze und verdunkle die Grundaussagen des Glaubens. Ärger verursachte auch, daß der Professor die (lehramtliche) Unfehlbarkeit des Papstes und generell die amtskirchliche Autorität in Frage stellte. Der Vorsitzende der Deutschen Bischofskonferenz, Kardinal Höffner, stellte sich ebenso wie der Vatikan gegen den „Rebellen". 1980 wurde Hans Küng die Lehrbefugnis als katholischer Theologe entzogen. Allerdings, die Tübinger Universität, die den Beamten Professor Küng ja nicht einfach feuern konnte, schuf ihm als Ersatz ein anderes Institut (für ökumenische Forschung). Eine aufsehenerregende Affäre.

Die Entscheidung Roms gegen Küng löste weithin, auch in katholischen Kreisen, Kritik an der Methode der Glaubenskongregation aus. Der Wunsch nach einer neuen Verfahrensordnung im Sinne von rechtlichem Denken und Transparenz wurde laut. Und Kardinal Joseph Ratzinger, seit 1981 Präfekt der Glaubenskongregation, verwirklichte Schritt um Schritt diese Reform (wenngleich sie den Gegnern Roms noch lange nicht genügt). Die vatikanische Bereitschaft zum Gespräch auch mit abtrünnigen Theologen ist gewachsen. Heute, so beteuern Kenner der Glaubensbehörde, bekommt jeder „Angeklagte" Akteneinsicht. Er hat das Recht und die Chance, alle seine mündlichen und schriftlichen Äußerungen, die der Kongregation bedenklich erscheinen, vor einem Ausschuß zu rechtfertigen. Fällt das römische Urteil z. B. über eine bestimmte Publikation dennoch negativ aus, wird der Autor aufgefordert, die beanstandeten Textpassagen zu ändern. Verurteilungen und Entzug der Lehrerlaubnis soll es künftig nur noch in außergewöhnlichen Fällen geben.

Kardinal Ratzinger, obwohl anfangs von den italienischen Medien als erzkonservativer „Carabiniere Gottes" angeprangert, erwies sich als ein – wenn auch im Kern unbeugsamer – durchaus dialogbereiter, geduldiger Glaubenswächter. Das zeigte sich etwa im *Fall Schillebeeckx*. Der aus Belgien stammende, in Holland dozierende Theologieprofessor Edward Schillebeeckx war mit seinem 1980 erschienenen Buch „Kerklijk Amt" in Rom angeeckt. Denn in diesem Text, inspiriert von einem „demokratischen" Konzept der Kirche, hatte der Dominikaner die These vertreten, auch Laientheologen (nicht nur geweihte Priester) könnten in einer Gemeinde die Eucharistie feiern. Es kam zu einem Briefwechsel mit der Glaubenskongregation. 1982/83 antwortete der Professor auf Anfragen aus Rom. Doch dem Kardinal Ratzinger genügten diese Erläuterungen nicht: Er lud Schillebeeckx zu einer Aussprache

nach Rom ein, die 1984 in Anwesenheit des General-
magisters des Dominikanerordens zu einer grundsätz-
lichen Einigung führte. Danach erklärte sich der Professor
bereit, die offizielle kirchliche Lehre über das Priesteramt
anzuerkennen.

Schwerer als mit Schillebeeckx hatten es die Glaubenswächter in der Kurie mit der sogenannten *Befreiungstheologie*. Diese in Lateinamerika entwickelte Theologie war
vom Marxismus beeinflußt und hatte so manchen Priester
angesichts der gesellschaftlichen Verhältnisse auf dem
Subkontinent zum Klassenkampf verleitet. Es kam zu
Lehrverfahren gegen Vertreter dieser Ideologie, namentlich
gegen den Brasilianer Leonardo Boff. In einem 1984 veröffentlichten, von Ratzinger unterzeichneten und vom Papst
gebilligten Lehrschreiben warnte der Vatikan eindringlich
vor der Befreiungstheologie und übte scharfe Kritik am
Marxismus. Zwar ist die christliche Botschaft, so das bedeutsame Dokument, eine Botschaft der Befreiung – damit
ist aber vornehmlich die Befreiung von der Sünde gemeint.
Es sei falsch, den Akzent einseitig auf die Befreiung von
der Versklavung auf irdischem, weltlichem Gebiet zu setzen. Engagement für die Armen, Unterdrückten? Durchaus. Aber die Befreiungstheologie würde letztlich dazu
führen, die Sache der Armen zu verraten, sie verwechsle
die Armen der Bibel mit dem Proletariat von Karl Marx.
„Wir rufen in Erinnerung, daß im Zentrum der marxistischen Konzeption der Atheismus und die Negation der
menschlichen Person, ihrer Freiheit und ihrer Rechte
stehen."

So wie mit marxistischen Theologen, die zu Revoluzzern
wurden, mußte sich die Glaubenskongregation auch mit
konzilsfeindlichen Traditionalisten befassen. Gemeint ist
natürlich jener *Fall Lefebvre*, der auch Paul VI. und Johan-

nes Paul II. sehr zu schaffen machte. Der Franzose Marcel Lefèbvre war einst Bischof in Westafrika. 1962 legte er sein Amt nieder. Während des Konzils sammelte er eine Gruppe von Traditionalisten um sich. Und fortan polemisierte er immer heftiger gegen die Konzilsreformen. Freimaurer und Marxisten, polterte er, beeinflußten die römische Kirche, die leider „nicht mehr katholisch" sei. 1970 gründete Lefèbvre eine Priesterbruderschaft und eröffnete ein Seminar im schweizerischen Ecône. Er erwies sich als tüchtiger Organisator, sein Seminar hatte derartigen Zulauf, daß der Bischof ähnliche Einrichtungen in Amerika gründen konnte. Wegen seines radikalen Neins zu verschiedenen Konzilsdokumenten, besonders über die Religionsfreiheit und über die Kirche in der Welt von heute, spitzte sich der Konflikt mit Rom zu. Papst Paul VI. suspendierte den Rebellen vom Priesteramt. Dennoch weihte Lefèbvre weiterhin Priester – die Weihen waren unerlaubt, aber nach kanonischem Recht gültig, weil Lefèbvre als Bischof ja in der apostolischen Sukzession stand.

Zum großen Eklat mußte es kommen, als der betagte Traditionalistenführer 1988 auch Bischofsweihen ankündigte. Kardinal Ratzinger, andere Würdenträger der Kurie und der Papst persönlich versuchten, den Rebellen umzustimmen – vergebens. Ende Juni 1988 weihte Lefèbvre im Beisein von 10.000 Menschen in Ecône gegen den Willen Roms vier eigene Bischöfe. Prompt erklärte der Vatikan: Dies „stellt einen schismatischen Akt dar"; Lefèbvre und seine vier Oberhirten seien damit „ipso facto" exkommuniziert. Tatsächlich hatte Lefèbvre eine Kirchenspaltung provoziert – die erste seit 1870, als sich die Altkatholiken von der Papstkirche trennten. 1991 starb der Traditionalistenführer. Eine kleine Schar von Anhängern, die dasselbe reaktionäre Welt- und Kirchenbild hat wie er, setzt sein

Werk fort. Aber die Bewegung führt ein Schattendasein. Sie stellt heute wohl kein großes Problem mehr für Papst und Glaubenskongregation dar.

Kongregationen, Räte, Gerichte, Ämter: Die römische Kurie ist ein komplexes Gebilde. Zu den neun „Congregazioni" kommen elf „Pontifici Consigli". Im Geist des Konzils entstanden, befassen sie sich teils mit umfassenden gesellschaftlichen Fragen, teils mit den Beziehungen zu Nichtkatholiken und Nichtchristen. Es gibt je einen *Päpstlichen Rat*

- für die Laien
- zur Förderung der christlichen Einheit
- für die Familie
- für Gerechtigkeit und Frieden
- für Caritas und kirchliche
  Entwicklungshilfe *(Cor Unum)*
- für Seelsorge bei Migranten und Menschen
  unterwegs
- für Pastoral im Krankendienst
- für die Interpretation von Gesetzestexten
- für den interreligiösen Dialog
- für die Kultur
- für die sozialen Kommunikationsmittel.

Im Unterschied zu den Päpstlichen Räten, diesen „Kindern des Konzils", haben die drei *Päpstlichen Gerichtshöfe* eine sehr lange, ins Mittelalter zurückreichende Geschichte. Alle drei haben ihren Sitz nicht im Vatikanstaat, sondern auf der anderen Tiberseite, im exterritorialen Palazzo della Cancelleria. Weitaus am bekanntesten ist die *Römische Rota*, die unter anderem über Fälle von Ehenichtigkeit entscheidet. Mit der Rota hat es seine eigene

Bewandtnis. Gewöhnliche Sterbliche mit katholischem Gesangbuch, die eine zerbrochene Ehe annullieren lassen möchten, wenden sich an das Kirchentribual ihrer Diözese; nur besonders strittige Fälle gelangen in letzter Instanz bis nach Rom. Freilich: Wenn es sich um Staatsoberhäupter oder um Mitglieder regierender Herrscherfamilien handelt, dann steht das Urteil ausschließlich dem Pontifex zu. Diese Ehesachen gehen direkt an die Rota. Im Vatikan beteuert man allerdings immer wieder, daß dieser direkte Weg nach Rom nicht gleichzeitig „milde Behandlung" bedeute. Und man erinnert an eine berühmte, folgenreiche Affäre: Englands König Heinrich VIII. (1509–1547) wollte seine Ehe mit Katharina von Aragon für nichtig erklären lassen, um Anne Boleyn zu heiraten. Die Sacra Rota lehnte ab – darauf trennte der erboste Monarch die englische Kirche von Rom.

Direkt an die Römische Rota ging in den achtziger Jahren auch der Fall „Caroline von Monaco", der soviel Staub aufwirbelte, daß wir ihn hier kurz schildern wollen. Was geschah? Nun, die Ehe der Prinzessin aus der Familie Grimaldi mit dem um 17 Jahre älteren französischen Lebemann Philippe Junot war gescheitert. Carolines Mutter Gracia Patricia, alias Grace Kelly, wandte sich an den Vatikan. Denn der frommen Fürstin war die Vorstellung ein Greuel, daß ihre Tochter eine „Geschiedene" sei, die mit ihrem künftigen Bräutigam nicht vor den Traualtar treten dürfe. Deshalb setzte sie sich in den Kopf, die Annullierung der Ehe mit Junot zu erreichen. Sie trug ihren Herzenswunsch dem Papst vor. Dieser bildete eine Sonderkommission aus drei Rota-Richtern. Fortan tauchten immer wieder Gerüchte auf, die Annullierung sei schon „über die Bühne", was der Vatikan prompt dementierte.

Nach dem Unfalltod der Fürstin Gracia Patricia fehlte die treibende Kraft für den Prozeß im Vatikan. Caroline

Grimaldi zögerte, Details ihrer Kurzehe einschließlich der Schlafzimmergeheimnisse vor den Geistlichen der Sacra Rota auszubreiten, nur um eine Annullierung zu erhalten. 1983 heiratete sie, natürlich nur standesamtlich, in zweiter Ehe den Italiener Stefano Casiraghi. Für die Kirche lebte das Paar, das drei Kinder bekam, im Konkubinat. Der Prozeß bei der Sacra Rota, so schien es, schlief ein. Doch dieser Schein trog. Die Kirchenrichter forschten weiter. Und 1992 erklärten sie (mit dem Plazet des Papstes) überraschend die frühere Ehe Carolines mit Junot für nichtig. Warum? Weil die beiden Partner uneins über das Wesen eines katholischen Ehebundes sowie „psychisch unreif" gewesen seien, weshalb die Ehe im Grunde gar nicht zustande gekommen sei.

Daß der Vatikan zwölf Jahre nach Carolines Scheidung dem Antrag der Fürstenfamilie Grimaldi entsprach und (unter anderem) „psychische Unreife" des bei der Trauung immerhin schon 38jährigen Junot als Annullierungsgrund her halten mußte, löste weithin einiges Befremden aus. Italienische Zeitungen schrieben, die ganze Affäre werfe ein schlechtes Licht auf die Sacra Rota, das päpstliche Ehegericht; der Richterspruch sei nicht glaubwürdig. Selbst der Papst hatte ja der Rota bei verschiedenen Gelegenheiten zwischen den Zeilen vorgehalten, sie würde das Konzept der „psychischen Gründe" für eine Ehe-Annullierung zu weit auslegen. Zwar ist inzwischen Gras über den „Fall Caroline" gewachsen. Dennoch steht fest, daß auch zahlreiche Katholiken die Arbeit des römischen Ehegerichts sehr kritisch verfolgen. Rota-Kommentar: „Damit müssen wir leben."

Die Kurie arbeitet in der Regel gründlich und bedächtig, etwa nach dem Motto „Nur nicht hudeln". Schließlich denkt die Kirche ja in langen Zeiträumen. Der Papst, kann man wohl sagen, steuert noch immer alle wichtigen Kurienbeschlüsse und drückt ihnen seinen Stempel auf. Aber fest steht auch: Die Energie Johannes Pauls II. läßt nach – ganz natürlich bei einem Mann, der im Mai 1996 seinen 76. Geburtstag feierte. Seit über 18 Jahren leitet der Wojtyla-Papst nun die Weltkirche. Die Anstrengungen des Pontifikats, einschließlich der strapaziösen Pastoralreisen, haben an seinen Kräften gezehrt. Und man kennt seine Krankengeschichte ...

Sie begann hochdramatisch: Nach dem Attentat von 1981, als ihn der türkische Fanatiker Ali Agca auf dem Petersplatz niederschoß, war der Pontifex in der Gemelli-Klinik operiert worden, wo die Ärzte sein Leben retteten. Noch mehrfach kam er als Patient ins „Gemelli". Etwa 1992, als man ihm einen Darmtumor entfernte. 1994 erhielt er ein künstliches Hüftgelenk. Und vergangenen Herbst wurde ihm der Blinddarm herausgenommen. Bei seiner Einlieferung in die Klinik 1994 scherzte der Patient vor den Krankenschwestern: „Wie ihr seht, hänge ich sehr an eurem Spital." Und zu dem Chirurgen Fineschi sagte er: „Herr Professor, Sie und ich haben nur eine Wahl. Sie müssen mich kurieren, und ich muß schnell gesund werden. Denn es gibt keinen Platz für einen emeritierten Papst."

Damit hat Johannes Paul II. sicher recht. Auch wenn immer wieder Gerüchte aufgekommen sind, er erwäge aus Gesundheitsgründen seinen Rücktritt – ein solcher Schritt wäre eine Weltsensation. In der Kirchengeschichte gab es nur einen einzigen Nachfolger Petri, der abdankte: Coelestin V. im 13. Jahrhundert. Zur Zeit jedenfalls (bei Abfassung dieses Buches) erscheint es undenkbar, daß es neben einem amtierenden Pontifex noch einen Papst im Ruhestand gibt, der seinem Nachfolger womöglich dreinredet. Ein Papst, so die Regel, regiert die Kirche bis zu seinem Tod.

Dennoch: Je älter Johannes Paul II. wird, umso häufiger diskutieren Kleriker und Laien die Nachfolgefrage. Besonders die „vaticanisti", also die Vatikanspezialisten der italienischen Medien, tun dies gern. Einer von ihnen, Giancarlo Zizola, schrieb 1995 ein Buch, das zunächst nur in einem Pariser Verlag erschien: „Le successeur". Darin beschrieb Zizola die Rolle des von allen Kardinälen gebildeten „Heiligen Kollegiums" und die prominentesten jener 120 Purpurträger, die 1995 noch keine 80 Jahre alt waren und deshalb an einem eventuellen Konklave hätten teilnehmen können. Von seinem Amtsantritt bis Mitte 1996 hat der Wojtyla-Papst 137 Kardinäle „kreiert", darunter 100, die bis zu jenem Zeitpunkt (aufgrund ihres Alters) sozusagen konklave-berechtigt wären. Anders gesagt, es sind hauptsächlich Männer seiner Wahl, die einmal seinen Nachfolger küren. Der erste Slawe auf dem Stuhl Petri hat die Internationalisierung des Wähler-Gremiums sowie der Kurie vorangetrieben. Folglich wird die römische Kirche in ihrer Hierarchie immer deutlicher zur Weltkirche.

Vieles spricht dafür, daß man im nächsten Konklave einen Papst wählt, der den Kurs Johannes Pauls II. weiterführt. Aber wird man, fragt Zizola, nach dem Polen Wojtyla wieder zum alten Brauch zurückkehren und einen Italiener an die Kirchenspitze stellen? Oder kommt erstmals ein Lateinamerikaner zum Zug, etwa der 1925 geborene brasilianische Purpurträger Lucas Moreiro Neves, der lange im Vatikan tätig war und dem machtorientierten Verband Opus Dei nahesteht? Oder der sieben Jahre jüngere schwarzafrikanische Kurienkardinal Francis Arinze? Laut einer ungeschriebenen Regel wünschen die Kardinäle nach einem langen Pontifikat (wie dem jetzigen) ein kurzes. Das

hieße, sie würden sich für einen relativ alten Mann ent-
scheiden. Doch die Papstwähler sind – heute mehr denn
je – für Überraschungen gut. Wie sagte doch der Kurienkardinal Achille Silvestrini? „Seit der Wahl des Polen Karol
Wojtyla ist im Konklave alles, wirklich alles möglich."

9. KAPITEL

Diskret und umstritten:
Die Vatikanbank IOR

Nehmen wir einmal an, Sie betreten durch das Tor bei St. Anna den Vatikan – vielleicht, weil Sie sich beim „Osservatore Romano" Fotos von der Generalaudienz holen wollen oder weil Sie eine Verabredung mit einem Monsignore aus der Vatikanischen Bibliothek haben. Kaum haben Sie die Schweizergarde passiert, so rückt vorne links ein mächtiger alter Rundbau ins Blickfeld, der *Turm Nikolaus' V"*. Er beherbergt sozusagen den „Geldschrank" des Vatikans. Denn in diesem Turm, benannt nach einem Papst aus dem 15. Jahrhundert, hat das *Institut für religiöse Werke* (IOR) seinen Sitz. Und hinter diesem frommen Namen versteckt sich die Vatikanbank, die wohl umstrittenste Einrichtung in der „Città del Vaticano".

Das IOR war 1942 von Papst Pius XII. gegründet worden, unter anderem, um die Gelder aus der jährlichen Kollekte „Peterspfennig" zu verwalten. Zwar ist das Institut den Statuten nach juristisch unabhängig vom Heiligen Stuhl. In der jährlich vorgelegten Vatikanbilanz, die geraume Zeit Verluste aufwies, taucht das IOR gar nicht auf. Dennoch untersteht die Bank, in der vornehmlich Diözesen, Orden, religiöse Stiftungen sowie Vatikanbürger ihre Konten unterhalten, sehr wohl dem Pontifex. Sie wird auch im Päpstlichen Jahrbuch angeführt. Das IOR, betonte 1989 Johannes Paul II., sei eine „Zentralbehörde der katholischen Kirche, die nicht gewinnorientiert ist, sondern den Zweck hat, die ihr anvertrauen Güter zu verwalten und den vielfältigen, weltweiten Bedürfnissen in diesem Zusammenhang entgegenzukommen".

Im gleichen Jahr hat der Wojtyla-Papst die Führungsstruktur des IOR gründlich reformiert. Überwacht wird die Bank seither von einem fünfköpfigen Kardinalsgremium, der „Commissione Cardinalizia di Vigilanza". Ihr gehört zur Zeit, anno 1996, der betagte venezolanische Purpurträger Rosalio José Castillo Lara an, der gleichzeitig die Vermögensverwaltung des Heiligen Stuhls (APSA) leitet. Im Einvernehmen mit dem Pontifex berief das Kardinalsteam unverzüglich fünf internationale Finanzexperten aus dem Laienstand in den neugebildeten „Consiglio di Sovrintendenza", de facto einen Aufsichts- oder Verwaltungsrat. Zum Präsidenten dieses Gremiums wurde Angelo Caloia bestellt, ein lombardischer Bankier und Dozent an der katholischen Universität Mailand. Sein „Vize" wurde Philippe De Weck, früher Präsident der mächtigen Schweizerischen Bankgesellschaft. Außerdem holte man einen Deutschen, einen Amerikaner und einen Spanier in den Aufsichtsrat, der seinerseits dann einen Italiener zum Generaldirektor, also zum eigentlichen Chef des IOR bestellte.

Daß seit der Reform von 1989 nun weltliche Finanzexperten die IOR-Geschäfte lenken, hat gute Gründe. Denn zuvor, unter der Leitung des Titularerzbischofs Paul Marcinkus, war das „Institut für religiöse Werke" arg ins Gerede gekommen. Ohne Übertreibung kann man sogar sagen: Wenn in den siebziger und achtziger Jahren in Italien, aber noch mehr im deutschsprachigen Raum und in den USA harsche Kritik am Vatikan laut wurde, dann lag dies nicht zuletzt am Treiben des IOR. Undurchsichtige Geschäfte, ja Spekulation lastete man dem Institut an. Und nicht bloß Antiklerikale, sondern auch

Katholiken von der Basis sprachen empört von einem „Skandal".

Was war geschehen? Die komplizierte Geschichte des IOR in der Zeit der Turbulenzen ist eng mit drei Namen verbunden: Sindona, Calvi, Marcinkus. Beginnen wir mit Michele Sindona. Dieser sizilianische Dr. jur. hatte seine Karriere nach dem Zweiten Weltkrieg als Steuerberater in Messina begonnen. „Wie so viele Süditaliener", schrieb das Blatt „Giornale d'Italia" später, nach seinem Sturz, über ihn, „sah er im Gesetz nicht Befehl oder Ordnung, sondern ein Hindernis, das es zu überwinden galt." Messina wurde dem ehrgeizigen Mann bald zu eng. Er siedelte nach Mailand über, wo er sich vom Steuerfuchs und Bilanzprüfer zum Investment-Bankier großen Stils mauserte. Meist mit dem Kapital anonymer Geldgeber erwarb er Firmen und Bankbeteiligungen – in Italien, der Schweiz und den USA. So baute er ein internationales Finanzsystem auf. Dazu paßte, daß Sindona auch Kontakte zur „Finanza Cattolica" herstellte: zu katholischen Geldhäusern und zu den Mitarbeitern des IOR. Der Vatikan schätzte die Diskretion und das Geschick des publicity scheuen Bankiers. Daß der schlitzohrige Sindona extrem unseriös operierte, ahnte zunächst niemand.

An zwei von Sindona kontrollierten Banken war das IOR beteiligt. Ende der sechziger Jahre, so betonen Finanzexperten in Rom und Mailand, unternahm das Institut keine größere Transaktion, ohne sich der weitreichenden Verbindungen Michele Sindonas zu bedienen. Dabei spielten mehrere Umstände eine Rolle. Zum einen wollten Johannes XXIII., Paul VI. und die Kurie – wegen der vielen Vorwürfe gegen den Aktienbesitz des Vatikans in Italien – wenigstens jene Beteiligungen loswerden, die besonders Anstoß erregten, etwa an der großen Liegenschafts- und

Baugesellschaft „Società Generale Immobiliare", die im Ruch der Spekulation stand. Zum anderen verstand sich Michele Sindona, der massiv in den USA investierte, glänzend mit dem amerikanischen Prälaten und späteren Erzbischof Paul Marcinkus, der das Sagen im IOR hatte. Marcinkus einst über den Bankier: „Sindona ist ein äußerst kluger Freund der Kirche." Der kluge Freund übernahm dicke Aktienpakete des Vatikans. 1972 wurde der Wert der von Sindona kontrollierten Unternehmen auf 25 Milliarden Mark, sein Privatvermögen auf eine Milliarde Mark geschätzt. Zu seinen Gönnern gehörten einflußreiche Christdemokraten in Rom. So pries 1973 der damalige Außenminister Giulio Andreotti bei einem Bankett in New York den Finanzier Sindona als „Retter der Lira".

Doch bald darauf geriet der Millionenjongleur durch falsche Devisenspekulationen ins Schleudern. Zwar gelang es ihm noch, seine beiden Mailänder Banken zu fusionieren; an dem neuen Institut, der „Banca Privata Italiana" hielt das IOR immerhin 20 Prozent der Anteile. Aber viele Kunden waren mißtrauisch geworden und zogen ihr Geld ab. Um einen Zusammenbruch zu vermeiden, startete eine römische Staatsbank einen Rettungsversuch. Man prüfte die Akten der Banca Privata sowie ihrer Vorgänger. Dabei kamen Buchfälschungen und Geldverschwendung ans Licht. Die Justiz ermittelte. 1974 erging Haftbefehl gegen Sindona. Mehreren Verdächtigen, darunter einem Top-Beamten des IOR, wurde der Paß entzogen: Peinlich auch für den Vatikan.

Mit Sindonas weiterer Geschichte hat das „Institut für religiöse Werke" zwar absolut nichts mehr zu tun. Aber kurz erzählt sei sie dennoch, weil sie – obschon nur indirekt – eben auch dem Ruf des IOR schadete. Der Pleite-Bankier, so stellte sich nämlich heraus, stand mit der Mafia und der skandalumwitterten geheimen Freimaurerloge P 2 im Bunde. Um den Konkursverwalter seines Mailänder Kreditinstitutes zu beseitigen, heuerte „Don Michele" einen Killer an, weshalb ihn ein Schwurgericht Mitte März 1986 zu lebenslänglicher Haft verdonnerte. Wenige Tage später trank der einstige „Bankier der Mächtigen" im Gefängnis von Voghera einen vergifteten Espresso und starb. „Es war Selbstmord", lautet die offizielle Version. Indes, Millionen Italiener glauben eher, daß Don Michele von mysteriösen Feinden vergiftet wurde. Doch wie auch immer: Da im nachhinein ja alle klüger sind, fragte man weithin, wieso sich (unter anderem) das IOR mit einem Typ wie Sindona überhaupt hatte einlassen können.

Schon Ende der siebziger Jahre war als Partner der Vatikanbank ein anderer Mann an Michele Sindonas Stelle getreten: Roberto Calvi. Auch mit ihm nahm es später ein schlimmes Ende. Und die Affäre Calvi hat das IOR schwer belastet. Der Lombarde Roberto Calvi war nach dem Zweiten Weltkrieg, den er als Reserveoffizier abschloß, von seinem Vater bei der Banca Commerciale untergebracht worden. Der fleißige, intelligente Stift arbeitete sich schnell hoch und wechselte dann zu der nach dem heiligen Ambrosius benannten Banco Ambrosiano, dem früheren Geldinstitut der Mailänder Erzbischöflichen Kurie. In den sechziger Jahren arbeitete Calvi mit Sindona zusammen. Aber als sich Don Michele auf allzu gewagte Spekulationen einließ, ging Calvi rechtzeitig auf Distanz. Deshalb erlitt er, als Sindona pleite ging und Millionenverluste hinterließ, keinen Schaden. Kurz darauf, 1975, stieg der Lombarde zum Vorstandschef der Banco Ambrosiano auf und machte glänzende Geschäfte. Selbstbewußt, unnahbar, kühl – kein Wunder, daß ihn die Presse als einen „Bankier aus Eis" bezeichnete. Über die expandierende „Ambrosiano" kontrollierte Calvi über 30 weitere Geldhäuser sowie Finanzierungs- und Versicherungsgesellschaften von Lugano bis Liechtenstein und Luxemburg, von Mailand bis Nassau auf den Bahamas.

Das IOR war finanziell an der Calvi-Gruppe beteiligt. Erzbischof Marcinkus hielt große Stücke auf den schnurrbärtigen Bankier – ein folgenschwerer Irrtum. Ende der siebziger Jahre begannen Justizermittlungen gegen Roberto Calvi wegen Devisenschiebung. Warum? Nun, der Ambrosiano-Präsident hatte zuvor etwa 50 Milliarden Lire ins Ausland transferiert, vor allem, um von einigen Liechtensteiner Firmen das Mehrheitspaket der italienischen Versicherungsgesellschaft „Toro" zusammenzukaufen. Die Mailänder Finanz- und Steuerpolizei jedoch war überzeugt, daß die Verkäuferfirmen in Wahrheit zu Calvis Gruppe gehörten, daß es sich mithin um versteckten Kapitalexport handelte. Calvi habe gegen die Devisengesetze verstoßen. Im Sommer 1980 wurde dem Bankier der Paß entzogen, den er dank einflußreicher Freunde wenig später überraschend zurückerhielt. Besonders Licio Gelli, Großmeister der geheimen Freimaurerloge P 2, setzte sich für Calvi ein: Der Bankier gehörte ja der intriganten Loge an. Im Frühjahr 1981 wurde Roberto Calvi vorübergehend wegen Devisenvergehen verhaftet und angeklagt. Schon nach wenigen Wochen erging das Urteil: Vier Jahre Gefängnis und 15 Milliarden Lire (damals 27 Millionen Mark) Geldstrafe. Zugleich verfügte der Richter jedoch die Haftentlassung des Bankiers – das Urteil war gemäß den italienischen Regeln noch nicht rechtskräftig, denn natürlich gingen die Advokaten in die zweite Instanz. Roberto Calvi benützte die wiedergewonnene Bewegungsfreiheit, um sich gegen neue Vorwürfe von Inspektoren der Bankenaufsicht zu wehren. Dabei ging es um die dubiosen, verschlungenen

Wege etlicher Dollar-Millionen, die sich Calvi geliehen und die dann über seine „Banco Andino" in Peru an dubiose Firmen in Übersee geflossen waren.

Calvi brauchte Hilfe und wandte sich an Marcinkus. Unter dem Briefkopf des „Instituts für religiöse Werke" stellte der Erzbischof im August 1981 eine lange Liste von Gesellschaften auf, an denen das IOR beteiligt war, darunter auch Briefkastenfirmen in Panama und auf den Bahamas. Just diese Firmen hatten sich hohe Summen bei Calvis „Banco Andino" gepumpt. Das IOR bestätigte diese Schuld. Ob es auch für sie bürgte, ist umstritten. Jedenfalls benützte das Schlitzohr Calvi den Brief des Erzbischofs wie eine Garantieerklärung, wie eine Bürgschaft, um internationalen Banken dem Sinne nach weiszumachen: „Keine Sorge. Hinter mir steht der Vatikan."

Mit diesem Trick pumpte sich der bedrängte Bankier weitere 200 Millionen Dollar, die dann spurlos in Briefkastenfirmen verschwanden – Firmen, die anscheinend zum Teil von der Banco Ambrosiano, zum Teil aber auch vom IOR kontrolliert wurden. Im Frühjahr 1982 brach die Banco Ambrosiano schließlich wie ein Kartenhaus zusammen und hinterließ rund 1,3 Milliarden Dollar Schulden: der größte Bankrott der neueren italienischen Bankgeschichte. Mitte Juni 1982 fand man Roberto Calvi erhängt unter der Londoner Themsebrücke Blackfriars, der „Brücke der Schwarzen Brüder". Suizid oder Mord? Darüber streitet man, ähnlich wie im Fall Sindona, bis heute.

Unterdes begannen Untersuchungen über die Hintergründe der Bankpleite. Dabei mußte sich die Justiz mit einem schier unentwirrbaren Knäuel von teilweise illegalen finanziellen Manövern befassen. Hinzu kam noch der „Krimi" um Calvis mysteriösen Tod. „Das ist ja ein Stück aus dem Tollhaus", wunderte sich der damalige Präsident der Deutschen Bundesbank, Karl Otto Pöhl. Nach Auffassung der Mailänder Staatsanwaltschaft handelte es sich beim Crash der „Ambrosiano" um betrügerischen Bankrott. Wegen Beihilfe dazu ermittelte man gegen drei Dutzend Personen, darunter auch gegen Erzbischof Marcinkus. Somit geriet der IOR-Präsident wider Willen ins Scheinwerferlicht der Öffentlichkeit.

Wer war Paul Casimir Marcinkus? Der Sohn eines aus Litauen nach Amerika ausgewanderten Arbeiters stammt aus der Diözese Chicago. Als 25jähriger erhielt er die Priesterweihe, studierte dann an der Päpstlichen Universität Gregoriana in Rom und wurde an der „Pontificia Accademia Ecclesiastica" zum Diplomaten ausgebildet. Anschließend trat der polyglotte, hünenhaft wirkende Amerikaner, der gern Golf spielte, ins vatikanische Staatssekretariat ein. Sein Aufstieg begann unter Papst Paul VI., denn der brauchte zunächst einmal einen tüchtigen Dolmetscher und Reiseorganisator. Marcinkus koordinierte die Sicherheitsmaßnahmen bei den Pastoralvisiten und wurde selber zum besten Leibwächter des Pontifex. 1970, bei der Reise des Montini-Papstes nach Manila, überwältigte der kräftige Amerikaner einen Attentäter, der Paul VI. ermorden wollte. „Ich trage zwar keine Pistole", sagte der Retter des Papstes, „aber ich habe wohl die schnellsten Ellbogen im Vatikan, um zudringliche Leute abzuwehren." 1971 avancierte Marcinkus zum Präsidenten des IOR. Er übernahm eine schwere Aufgabe. Einerseits nämlich wuchsen die Kosten der vatikanischen Verwaltung und die des Heiligen Stuhls, auch für die Nuntiaturen – oft genug mußte deshalb das IOR einspringen, um Defizite auszugleichen oder Sonderausgaben zu finanzieren. Andererseits erwartete man von Marcinkus, daß er tatkräftig bei der Umgruppierung des vatikanischen Vermögens und bei rentablen Investitionen außerhalb Italiens mithelfen würde.

Bei den Geschäften stützte sich Marcinkus zunächst auf Michele Sindona. Als dessen Firmenimperium zusammenbrach, büßte dabei zwar auch das IOR Geld ein. Doch dieser Verlust wurde leicht wettgemacht durch die hohen Gewinne aus früheren Geschäften mit dem Sizilianer. Unabhängig davon hat die Partnerschaft mit Sindona, wie schon erwähnt, dem Image der Vatikanbank geschadet. Und noch mehr gilt dies im Blick auf die geschilderte Unterstützung des IOR für den Ambrosiano-Bankier Roberto Calvi. Nach dem Zusammenbruch der „Ambrosiano" übten die Gläubigerbanken wie auch die Öffentlichkeit Druck auf den Vatikan aus: Das „Institut für religiöse Werke" solle gefälligst für einen Teil der hinterlassenen Schulden aufkommen! Schließlich zahlte das IOR rund 240 Millionen Dollar, kein Pappenstiel, an die Gläubiger der bankrotten Privatbank, betonte jedoch, dies geschehe nicht in Anerkennung einer direkten Schuld, sondern freiwillig, um die Affäre „im Geist der Versöhnung" zu bereinigen. Unterdes kamen die Justizermittlungen wegen der Bankpleite auf Touren. Sie brachten im Februar 1987 eine sensationelle Wende: Zwei Mailänder Staatsanwälte erließen Haftbefehl gegen Marcinkus sowie gegen zwei hohe IOR-Beamte, Pellegrino de Strobel und Luigi Mennini. Der Grund: „Beihilfe zum betrügerischen Bankrott". In einem umfangreichen Dokument legten die Staatsanwälte dar, wie das IOR dem Spekulanten Calvi half, „geheime Auslandsoperationen zu verwirklichen, die schließlich zum Zusammenbruch des Bankhauses führten". Aufgrund der Haftbefehle beantragte der italienische Staat – ein beispielloser Vorgang – vom Heiligen Stuhl die Auslieferung von Marcinkus und seiner beiden Helfer. Dies lehnte der

Heilige Stuhl ab, unter Bezugnahme auf den Artikel 11 des Lateranvertrages von 1929, demzufolge sich Italien nicht in die Tätigkeit „zentraler Kirchenbehörden" einmischen darf. Der Streitfall kam vor das römische Verfassungsgericht, das im Juli 1987 – zum Glück für die Betroffenen – die drei Haftbefehle aufhob. Dabei übernahm das hohe Gericht die Thesen des Vatikans und der vom IOR beauftragten Anwälte. Erzbischof Marcinkus kommentierte: „Jetzt habe ich mein Vertrauen in die italienische Justiz wiedergewonnen."

In der italienischen Öffentlichkeit allerdings löste das allerhöchste Gerichtsurteil weithin Befremden aus. So vermuteten viele, die Richter hätten politische Rücksichten genommen. Denn Roms amtierende Regierung und namentlich der kirchenfreundliche Außenminister Andreotti wünschten ja, den Streitfall beizulegen. Vertreter der „Laizisten" und der Linken äußerten sich empört darüber, daß die italienische Justiz offenbar darauf verzichte, gegen Vatikanmanager vorzugehen, selbst wenn diese in Finanzskandale auf italienischem Territorium verwickelt seien. Auch Professor Francesco Finocchiaro, Kirchenrechtler an der Universität Rom, kritisierte den „Rückzieher" der italienischen Justiz und die extensive Auslegung des Lateran-Artikels 11. Finocchiaro gebrauchte folgenden ironischen Vergleich: Angenommen, das IOR würde aus dem Vatikan eine ferngesteuerte Rakete zur Zerstörung einer Mailänder Kreditanstalt abfeuern – bei einer solchen Tat könne die italienische Justiz doch nicht, unter resignierendem Hinweis auf die Lateranverträge, auf gerichtliche Schritte verzichten.

In diesem Zusammenhang ließ auch die innerkirchliche Kritik am IOR kaum nach. Kontrollen und eine neue Führung wurden gefordert. Der Stern von Marcinkus sank.

1989 beschloß der Kardinalsrat für Wirtschaftsfragen im Einvernehmen mit dem Papst die schon geschilderte Reform der Bank. Das Amt des „Präsidenten" beim IOR wurde abgeschafft. Folglich schied Erzbischof Marcinkus aus der Bank aus; man machte ihn zum Gouverneur der Vatikanstadt. (Später legte er auch dieses Amt nieder und zog sich, inzwischen 68 Jahre alt, in seine Heimatdiözese Chicago zurück.) Im Turm Niccolò V. begann ein neues Kapitel. Der neugebildete Aufsichtsrat hielt sich mit Urteilen über die Ära Marcinkus natürlich zurück. Nur Philippe De Weck stichelte in einem Interview, beim IOR habe man eine Zeitlang leider nicht professionell gearbeitet. Veranlaßt durch finanzielle Probleme des Vatikanstaates, hätten die IOR-Manger zu spekulieren begonnen. „Zuerst verdienten sie viel Geld, mit dem sie dem Vatikan zu Hilfe eilten, dann kamen die Verluste. Meiner Meinung nach waren da naive Priester am Werk, die von gewissen Drahtziehern ausgenützt wurden." Zu den naiven Priestern habe wohl auch Marcinkus gehört.

„Acqua passata", sagt man jetzt im Vatikan über die Ära Marcinkus. Angelo Caloia, der Präsident des IOR-Aufsichtsrates, hob 1995 hervor, er habe in seiner nun fünfjährigen Tätigkeit sehr auf Transparenz geachtet. Erstmals gebe es jetzt eine Bilanz des Instituts. Wohl wahr – aber die Bilanz wird lediglich den IOR-Beamten, der fünfköpfigen Kardinalskommission und dem Papst bekannt. Von einer Veröffentlichung ist nicht die Rede. Geheimniskrämerei? Nein, behaupten die Mitarbeiter im Turm Niccolò V., aber angesichts der spezifischen Aufgaben des „Instituts für religiöse Werke" sei nun einmal strenge Diskretion vonnöten. Unter diesen Umständen gibt es nur Vermutungen über die „Zahlen" des IOR. Angeblich verwaltet das Institut ein Vermögen von umgerechnet 5 Milliarden Mark und macht jährlich Gewinne von etwa 50 Millionen Mark. Aufsichtsrat De Weck rückte zumindest die Dimension zurecht: „Die Vatikanbank ist eine gesunde, sie wird aber nie eine große Bank sein."

10. KAPITEL

Schwarz auf weiß und via Äther:
Die vatikanischen Medien

„Ein Papst für die Medien", so hat man Johannes Paul II. oft genannt. Respektlose Journalisten bezeichneten ihn in den ersten Jahren seines Pontifikates sogar als einen „Showmaster Gottes". Denn der Pontifex aus Polen weiß: Im Zeitalter der Massenkommunikation und der Fernsehsucht kommt viel darauf an, daß der, der etwas zu sagen hat, auch „den richtigen Draht hat", daß er „ankommt". Und dementsprechend handelt der Papst. Was ist die Folge? Nun, der Vatikan bemüht sich verstärkt (obschon nicht immer mit Erfolg) um die „Öffentlichkeitsarbeit", um Präsenz in den Medien, besonders in den europäischen. Aber die *vatikanischen* Medien sind der breiten Öffentlichkeit nicht sonderlich bekannt. Wie steht es um Presse und Rundfunk im Bannkreis von Sankt Peter? Welchen Background hat der Sprecher des Pontifex? Und was macht der Päpstliche Rat für die sozialen Kommunikationsmittel?

Beginnen wir mit der ältesten „Stimme" des Heiligen Stuhls, dem *Osservatore Romano*, zu deutsch: Römischer Beobachter. Die Zeitung wurde 1861 aus der Taufe gehoben, auf Wunsch von Pius IX., der damals um den Erhalt des Kirchenstaates kämpfte. Der „Osservatore Romano" hat es denn auch stets als seine Aufgabe angesehen, den Standpunkt des Papstes und der Römischen Kurie zu den verschiedensten Fragen wiederzugeben. Als Chefredakteur wirkt seit Jahren ein Laie; der Redaktion gehören nur zwei, drei Priester als Experten für theologische Fragen an. Gleichwohl findet der – nachmittags erscheinende – „Osservatore" bei den katholischen Laien Italiens kaum mehr Anklang. Die Auflage schrumpfte auf etwa 30.000 Exemplare. Ein wesentlicher Teil davon geht an die Pfarrer in der Diözese des Papstes, an die Botschaften beim Heiligen Stuhl und an jene römischen Behörden, die mit der Kirche zu tun haben. Immerhin, zitiert wird die Tageszeitung erstaunlich oft – eben weil sie als Sprachrohr des Papstes gilt. Solange die Päpste Italiener waren, nahm der „Osservatore" sehr häufig zu italienischen Ereignissen Stellung – unter dem Pontifikat des Polen Wojtyla hingegen erhielt das Blatt, nicht zuletzt wegen der Berichte über die schier unzähligen Auslandsreisen dieses „mobilen" Heiligen Vaters, einen stark internationalen Akzent.

Seit langem schon gibt es neben dem täglichen italienischen „Osservatore" auch fünf *Wochenausgaben* in anderen Sprachen. Der deutschsprachige „Osservatore Romano", 1971 ins Leben gerufen, wird finanziell von der Deutschen Bischofskonferenz unterstützt. Der Zweck dieser Wochenausgaben: genaue Informationen über Papst und Vatikan für die Kirche in den jeweiligen Ländern, also letztlich bessere Verbindung aus und nach Rom. 1939 hatte man beim „Osservatore" ein Informationsbüro für Journalisten eingerichtet. Daraus ging dann, unter dem Einfluß des Zweiten Vatikanischen Konzils, die *Sala Stampa della Santa Sede* hervor. Hier, im „Pressesaal" am Eingang zum Petersplatz, werden die offiziellen Mitteilungen über die Tätigkeit des Papstes und des Heiligen Stuhls verbreitet. Der Pressesaal untersteht, so bekräftigte Johannes Paul II. in der Apostolischen Konstitution „Pastor Bonus" 1988, der „Ersten Abteilung des Staatssekretariates".

Wann immer der Vatikan wichtige Dokumente veröffentlicht, werden sie im Pressesaal von einem bei der Ausarbeitung beteiligten Kardinal oder Bischof erläutert. Wobei die Oberhirten oft ihre liebe Not haben, kecke Journalistenfragen zu beantworten (oder ihnen auszuweichen). 1996 waren etwa 250 Medienvertreter aus aller Welt bei der Sala Stampa akkreditiert: Katholiken zumeist, aber auch ein paar Protestanten. Zwei Dutzend von ihnen sind häufig mit dem Pontifex „auf Achse": Sie begleiten – auf Kosten ihrer jeweiligen Zeitung, Agentur, Radio- oder Fernsehstation – den Papst auf dessen Auslandsreisen, um darüber zu berichten. Bei langen Flugreisen kam der medienbewußte und polyglotte Johannes Paul II. unterwegs nicht selten in das „Journalistenabteil" hinüber, um Fragen zu beantworten.

„Heiliger Vater, bitte ein paar Worte auf englisch für unsere Hörer in Irland", bat ein Radioreporter auf dem Flug nach Dublin den Pontifex – mit Erfolg. Mal englisch, mal französisch, mal spanisch, mal deutsch, mal italienisch und vor allem natürlich polnisch: Johannes Paul II. spricht in vielen Zungen. Die „vaticanisti", wie man die Vatikanberichterstatter der italienischen Medien nennt, konnten sich gar nicht genug über ihn wundern. Besonders in den ersten Jahren seines Pontifikates hat er durch sein Charisma nicht wenige „vaticanisti" tief beeindruckt. Beispielsweise den Journalisten Domenico del Rio, der (zusammen mit einem Kollegen) prompt ein Buch über den dynamischen Papst schrieb mit dem Titel: „Der neue Moses".

Unter den beim Heiligen Stuhl akkreditierten Journalisten war jahrelang auch der Spanier Joaquin Navarro Valls – bis er Ende 1984 sozusagen auf die andere Seite wechselte: Er trat in vatikanische Dienste, wurde Direktor der Sala Stampa und somit de facto der Sprecher des Papstes. Mit Navarro Valls hat es seine eigene Bewandtnis, schon wegen seiner Karriere. Der 1936 geborene Spanier ist von Haus aus Mediziner und Sozialpsychologe. Weil er sich stark für den Einfluß der Massenmedien auf das Verhalten des einzelnen und der Gesellschaft interessierte, kam er schließlich zum Journalismus; als Korrespondent der konservativen Madrider Zeitschrift ABC ging er nach Rom. Schon vorher war der Junggeselle als „Numerarier" (Sondermitglied) der großen, nicht unumstrittenen Organisation *Opus Dei* beigetreten. Irgendwann in Rom wurde der Wojtyla-Papst auf den ebenso hochgebildeten wie gewandten Spanier aufmerksam. Mit Navarro Valls übernahm 1984 erstmals ein Nicht-Kleriker das Informationsamt des Heiligen Stuhls. Das war schon ein Ereignis. Kaum war die Ernennung des sportlich wirkenden Spaniers publik, hieß es prompt in Rom: „Ein Ex-Torero als Pressechef zum Papst". Aber das sei ein Märchen, schmunzelte Navarro Valls und fügte hinzu: „Ich hätte schon Mühe, eine Mücke zu töten, geschweige denn einen Stier." Inzwischen gehört der polyglotte Opus-Dei-Mann längst zu den engsten Mitarbeitern des Pontifex.

Navarro Valls, könnte man sagen, liest dem Papst von den Lippen ab, was Johannes Paul sagen will. Und er fungierte auch als Vermittler (manche sagen: als Verkäufer), als es um die Verbreitung des Papstbuches „Die Schwelle der Hoffnung überschreiten" ging. Der Band kam zunächst auf italienisch heraus. In Deutschland wollten einige katholische Verlage die Druckrechte erwerben – vergebens. Denn ein – absolut nicht katholischer – Hamburger Verlag machte ein höheres Angebot und kam so zum Zuge. Weshalb die katholischen Verleger eine Zeitlang gar nicht gut auf Navarro Valls zu sprechen waren.

Der „portavoce", der Sprecher des Papstes, untersteht zumindest pro forma dem Staatssekretariat. Aber um den

Kontakt zu den Medien kümmert sich eigentlich noch mehr eine andere Kurienbehörde: der *Päpstliche Rat für die sozialen Kommunikationsmittel*. Er ist aus einer von Pius XII. nach dem Krieg geschaffenen Filmkommission hervorgegangen. Johannes XXIII. erteilte dieser Kommission neue, wichtige Kompetenzen: Sie wurde zu einem ständigen Büro des Heiligen Stuhls „für die Prüfung, das Wachstum und die Leitung der verschiedenen Aktivitäten im Bereich von Film, Funk und Fernsehen". Paul VI. richtete das Augenmerk der Kommission auch auf die Presse. Dann kam das Jahr 1988: Mit der Apostolischen Konstitution „Pastor Bonus" gab Johannes Paul II. dem Gremium seinen jetzigen Namen und legte fest, daß der Rat in enger Verbindung mit dem Staatssekretariat die Aktion der Kirche und der Gläubigen in den mannigfachen Formen der sozialen Kommunikation fördern soll. Der Rat soll darauf hinwirken, daß Presse, Film, Funk und Fernsehen „immer mehr von humanem und christlichem Geist durchdrungen sind". Überdies hat der im Palazzo San Carlo etablierte Medienrat, wie er kurz genannt wird, darauf zu achten, daß die katholischen Kommunikationsmittel „wirklich ihrer besonderen Funktion entsprechen".

Als Präsident des Rates fungiert der amerikanische Erzbischof John Patrick Foley. Zu seinen engsten Mitarbeitern gehört der Schweizer Hans-Peter Röthlin, der deshalb Erwähnung verdient, weil er als Untersekretär einer der ranghöchsten Laien im Dienst der Kurie ist. Fernsehanstalten, die Ereignisse oder Örtlichkeiten im Vatikan filmen möchten, kommen am Rat für soziale Kommunikationsmittel gar nicht vorbei: Dort müssen sie nämlich um Erlaubnis ansuchen. Selbstverständlich hält Erzbischof Foleys Team engen Kontakt zu den Funkjournalisten des Heiligen Stuhls. Womit wir bei *Radio Vatikan* angelangt wären.

Die erste Sendeanlage war, wie schon an anderer Stelle erwähnt, von dem genialen italienischen Rundfunkpionier Guglielmo Marconi in den Vatikanischen Gärten gebaut worden. Von dort aus richtete Papst Pius XI. am 12. Februar 1931 die denkwürdige erste Radiobotschaft an die Welt. Zunächst wurde allerdings noch experimentiert. Ab 1939 hat man regelmäßige Programme ausgestrahlt. 1957 weihte Pius XII. die große Sendeanlage in Santa Maria di Galeria nördlich von Rom ein. Eine weitere wichtige Etappe war das Zweite Vatikanische Konzil: insgesamt 3000 Sendestunden in 30 Sprachen! Die Studios und die Redaktion wurden dann im Palazzo Pio, nahe der Engelsburg, etabliert. Seit 1988 hat Radio Vaticana, dessen Leitung dem Jesuitenorden anvertraut ist, den Status einer „mit dem Heiligen Stuhl verbundenen Einrichtung". Die Pastoralreisen Johannes Pauls II. brachten neue, schwierige Aufgaben für die Berichterstattung des Senders, der auch in seiner Struktur die Vielfalt und Universalität der Kirche widerspiegelt. Dazu heißt es im Päpstlichen Jahrbuch: Mit seinen vier Kanälen, täglichen Programmen in 35 Sprachen und Mitarbeitern aus 50 Nationen „erfüllt Radio Vatikan weiterhin treu seine institutionelle Aufgabe, nämlich Evangelisierung und Dienst an der Einheit der Kirche".

Nach der Errichtung des Eisernen Vorhangs und während der gesamten Zeit des Kalten Krieges kam dem vatikanischen Rundfunk nebenbei eine letztlich politische Rolle zu. Denn der Sender strahlte ja auch, in den jeweiligen Sprachen, Programme in die kommunistisch regierten Länder aus. Die Osteuropäer im Exil, die zumeist diese Programme machten, beurteilten den Gang der Dinge in ihrer Heimat sehr unterschiedlich – die einen sehr kritisch, die anderen differenziert oder gar verständnisvoll. Entsprechend unterschiedlich war die Reaktion auf derlei

Berichte und Kommentare. Mal ärgerten sich die „roten" Machthaber im Osten, mal die scharf antikommunistischen Russen im westlichen Exil und gelegentlich sogar die Amerikaner: 1984 protestierte Washington beim Heiligen Stuhl gegen angeblich „subversive, antiamerikanische und prosowjetische Sendungen" und erreichte, daß die verantwortliche Redakteurin entlassen wurde.

Amerikanische Versuche, die Vatikan-Funker zu antisowjetischer Polemik zu überreden, schlugen allerdings fehl. Alles in allem bemühten sich die meisten Osteuropa-Redakteure, ob Priester oder Laien, um eine ausgewogene Berichterstattung. Die römische Zeitung „La Repubblica" konstatierte Ende der achtziger Jahre: „Einerseits hält Moskau den Papst nicht mehr für den Teufel, andererseits fordert Radio Vatikan, mit der Dämonisierung der UdSSR Schluß zu machen, auch in der Hoffnung auf ein fortdauerndes Tauwetter in der sowjetischen Religionspolitik."

Dazu paßte es, daß die den Sender leitenden Jesuiten den Reformkurs von Gorbatschow gedämpft optimistisch beurteilten. Den Sowjets gefiel das: Sie schränkten die Störmanöver gegen Radio Vaticana wesentlich ein. Ein Grund zur Freude also für viele Katholiken in Rußland und der Ukraine, in Armenien und den baltischen Sowjetrepubliken, die gern Radio Vatikan hörten. Für sie hatten die Programme aus dem fernen Rom erhebliche Bedeutung: als „Brücke" zum Pontifex, als Informationsquelle für Themen aus der Weltkirche, aber auch ganz allgemein als eine Stimme aus der freien Welt. Trotz der Hoffnung auf ein politisches Tauwetter im Osten scheute sich Radio Vatikan gelegentlich nicht, die Unterdrückung der Kirche etwa in der Tschechoslowakei anzuprangern. Das empörte natürlich die Prager Kommunisten. Bei Verhandlungen mit dem Heiligen Stuhl versuchten sie in den achtziger Jahren, im

„Tausch" gegen Zugeständnisse in anderen Fragen eine Zensur für die CSSR-Sendungen aus dem Vatikan durchzusetzen. Der Verband Katholischer Publizisten Österreichs bekam Wind von der Sache und appellierte eindringlich an den Heiligen Stuhl, „sich nicht für einen solchen Tauschhandel herzugeben, sondern auch in der CSSR-Berichterstattung von Radio Vatikan der Wahrheit den Vorrang vor diplomatischen Rücksichten zu geben". Die Affäre warf ein Schlaglicht auf die Bedeutung des Senders für die vatikanische Ostpolitik.

Doch das ist nun Geschichte. Seit der Wende und der Demokratisierung in Osteuropa haben die dortigen Kirchen wieder eine relative Bewegungsfreiheit. Und die Katholiken dort „dürsten" wohl nicht mehr so wie früher nach Sendungen aus dem fernen, freien Rom, aus der Umgebung des Papstes. Gleichwohl hat Radio Vatikan die in jene Länder ausgestrahlten Programme nicht eingeschränkt. Der „Lautsprecher des Papstes" (Spitzname für Radio Vatikan) setzt nun neue Schwerpunkte. Dazu gehört verstärkte Berichterstattung über die Weltkirche sowie die Wiederausstrahlung von Vatikanprogrammen in anderen Sendern. Ein Beispiel: Die staatliche Rundfunkanstalt in Polen übernimmt die vorzüglich gemachten Nachrichten von Radio Vatikan – und erreicht damit vier Millionen Hörer.

Seit dem Amtsantritt von Johannes Paul II. hat sich die Arbeit des Senders ausgeweitet. Während des ganzen Jahres überträgt Radio Vatikan Eucharistiefeiern mit dem Katholikenoberhaupt. Bei internationalen Reisen begleiten den Papst jeweils sechs oder sieben Redakteure und fünf Techniker des Radios; stets mit von der Partie sind Vertreter der italienischen, englischen, französischen und polnischen Abteilung. Radio Vatikan, betonte Johannes Paul einmal, habe die Aufgabe, den Hirten der Weltkirche mit allen, auch den fernsten Ortskirchen in Kontakt zu bringen und diese untereinander zu verbinden. Weitere Ziele seien religiöse Information, Verkündigung sowie ökumenischer und interkultureller Dialog. Der „Lautsprecher des Papstes" ist die internationalste Funkstation der Welt. Die Palette der 35 Sendesprachen reicht von albanisch und arabisch bis ukrainisch und vietnamesisch; äthiopisch und chinesisch fehlen ebensowenig wie japanisch und tamil. Im Redaktionsgebäude im Palazzo Pio herrscht babylonisches Sprachengewirr. Die Hörerzahl von Radio Vaticana wird, wohl etwas optimistisch, auf 30 Millionen, verstreut in 170 Ländern, geschätzt.

Und die Kosten? Pro Jahr etwa 35 Millionen Mark. Damit stellt das Radio eine nicht unerhebliche Belastung des Vatikan-Haushalts dar. Als der Vatikan in den achtziger Jahren über leere Kassen klagte, sagten Kritiker: Dann solle der Papst doch das teure Radioprogramm kappen. Aber katholische Medienexperten konterten, die Kosten des Senders (der keine Werbung ausstrahlt, also keine Einnahmen hat) seien im Verhältnis zur erbrachten Leistung und im Vergleich zu aufgeblähten Staatssendern gering. „Obgleich Radio Vatikan täglich ebenso lang sendet wie die Londoner BBC, sind unsere Ausgaben 15mal niedriger", gab Jesuitenpater Eberhard von Gemmingen, der Leiter der deutschsprachigen Abteilung, zu bedenken. Allerdings gäbe es durchaus Methoden, um Geld für den Sender bei wohlhabenden Katholiken in Deutschland und in den USA lockerzumachen. „Der Papst oder Kardinal Ratzinger könnten Spendenaufrufe erlassen, ach, man könnte überhaupt viel tun. Wenn man geschickt wirbt und Rechenschaft über die geleistete Arbeit ablegt, sind vernünftige Christen gern zu Spenden bereit."

Die Finanzklemme signalisiert ein generelles Problem, das Pater von Gemmingen 1989 in einem Jesuitenblatt anpackte – in einem imaginären Plauderstündchen mit dem Heiligen Vater. „Ich würde ihn fragen, warum der Vatikan eigentlich so viel Geld in den Sender steckt und dennoch nichts dafür tut, daß Katholiken in aller Welt davon wissen." In Deutschland und den übrigen westlichen Ländern habe der Sender (im Unterschied zu seiner Rolle im damaligen Ostblock) wenig Bedeutung, „weshalb ich ihn oft Geheimsender nenne". Die Weltkirche müsse das Geschenk, das ihr 1931 anvertraut wurde, erst noch richtig entdecken. Pater von Gemmingen, sieht man, machte sich über den Einfluß von Radio Vatikan im Westen keine Illusionen. Dabei stand und steht die deutschsprachige Abteilung, was den Hörerkontakt anlangt, recht gut da. Marktforscher ermittelten: Das deutsche Programm hat 50.000 Stammhörer und eine Million „Ab-und-zu-Hörer". Jährlich erhält Gemmingens Redaktion etwa 5000 Briefe.

„Mit dem Papst auf gleicher Welle" lautet das Motto der deutschen Vatikan-Funker. Das heißt jedoch nicht, daß man bei Kommentaren zu heiklen Themen wie den umstrittenen Bischofsernennungen im deutschsprachigen Raum oder dem Kölner Theologen-Protest gegen Rom einseitig die päpstliche Position verteidigte. Pater von Gemmingen zielt vielmehr auf Ausgleich und Verständigung. Der Pontifex, beteuert der Funk-Pater, läßt den Journalisten bei Radio Vatikan große Freiheit. Freilich, es gibt Grenzen. Unter Anspielung auf die Tendenz in so manchem Funkhaus fügt der Jesuit mit einer eleganten Spitze hinzu: „Ich kann am vatikanischen Radio zwar nicht *gegen* Kirche und Papst argumentieren – aber viele Redakteure deutscher Medienanstalten haben die gleiche Einschränkung: Sie dürfen nicht *für* die Kirche sein."

11. KAPITEL

Soldaten des Papstes:
Die Schweizergarde

Vom Petersplatz ist es nur ein Katzensprung bis zum Tor neben der kleinen Kirche Sant'Anna (siehe die Karte der Vatikanstadt Nr. 29). Dort, an der wichtigsten Ein- und Ausfahrt der Città del Vaticano, wachen natürlich die „Svizzeri", wie man die Päpstliche Schweizergarde rund um Sankt Peter kurz nennt. Schon wegen ihrer prächtigen historischen Uniformen sind die Svizzeri ein schöner Farbtupfer im Bannkreis des Petersdoms, in dem sonst das strenge Schwarz der Klerikerkleidung vorherrscht. Die 100 Mann starke Kompanie gehört zu den bekanntesten Institutionen des Vatikanstaates. Nur eine Operettentruppe zur Dekoration des Papstes? So mancher Tourist mag dies glauben – auch wegen der putzigen Puppengardisten in den Andenkenläden. Aber der Eindruck täuscht. So folkloristisch die „kleinste Armee der Welt" auch wirkt – sie ist eine recht effiziente Wachtruppe.

Seit beinahe 500 Jahren schon dienen die Svizzeri den Päpsten. „Ihr Gardisten seid berufen, dem obersten Hirten der Kirche, dem Bischof von Rom zu helfen, in geordneter und sinnvoller Weise die großen Besucherscharen zu empfangen und zugleich seinen apostolischen Dienst zu schützen." Mit diesen Worten hat Johannes Paul II. einmal den Auftrag seiner Truppe umschrieben. Tatsächlich ist die Schweizergarde zwar längst keine kämpfende Einheit mehr, doch sie wäre notfalls zu bewaffnetem Einsatz bis zum Äußersten bereit. Bekräftigt wird dies alljährlich am

117

6. Mai bei der feierlichen Vereidigung der neuen Rekruten im Damasushof des Vatikans. Die vom Gardekaplan vorgelesene alte Eidesformel, in der nur – je nach dem Pontifikat – der Papstname geändert wird, lautet: „Ich schwöre, treu, redlich und ehrenhaft zu dienen dem regierenden Papst Johannes Paul II. und seinen rechtmäßigen Nachfolgern und mich mit ganzer Kraft für sie einzusetzen – bereit, wenn es erheischt sein sollte, selbst mein Leben für sie hinzugeben. Ich übernehme dieselbe Verpflichtung gegenüber dem Heiligen Kollegium der Kardinäle während der Sedisvakanz des Apostolischen Stuhls. Ich verspreche überdies dem Herrn Kommandanten und meinen übrigen Vorgesetzten Achtung, Treue und Gehorsam. Ich schwöre, alles das zu beachten, was die Ehre meines Standes von mir verlangt." Dann treten die Rekruten, die man namentlich aufruft, vor, und jeder erklärt, die linke Hand auf die vatikanische Fahne gelegt und die rechte mit drei gespreizten Fingern (Symbol der Dreifaltigkeit) zum Eid erhoben: „Ich schwöre, alles das, was mir soeben vorgelesen wurde, gewissenhaft und treu zu halten. So wahr mir Gott und seine Heiligen helfen." Mit den Heiligen sind besonders die Schutzheiligen der Schweizergarde, nämlich Martin, Sebastian und der heilige Nikolaus von Flüe gemeint. Wer Tradition liebt, hat seine helle Freude am Fahneneid im Damasushof, bei dem stets prominente Gäste aus Militär und Diplomatie (sowohl aus der Schweiz wie aus Italien) zugegen sind. Die Zeremonie, lobte denn auch der „Osservatore Romano", sei für anspruchsvolle Kenner des vatikanischen Protokolls stets ein besonderer Höhepunkt im Jahr. „Es ist eine Feierstunde", schrieb die Papst-Postille 1984, „die der traditionsfeindlichen Zeitmode der beiden letzten Jahrzehnte glücklicherweise standgehalten hat und sich als lebendig erweist."

Die Geschichte der Garde reicht ins späte Mittelalter zurück. Damals genossen die eidgenössischen Söldner einen vorzüglichen militärischen Ruf. Die europäischen Großmächte rissen sich geradezu um die Schweizer Soldaten, und die Kantone schlossen sich je nach politischer Sympathie der einen oder anderen Seite an. Papst Julius II. hatte die Idee, eine ausschließlich aus Schweizern bestehende, feste Truppe zu schaffen. Bei der Verwirklichung dieses Plans half ihm der an seinem Hof tätige schweizerische Kanonikus Peter von Hertenstein, dem er die Würde eines päpstlichen Kämmerers verlieh. Im Juni 1505 schrieb der Pontifex den „Confoederatis Superioris Alemanniae" einen Brief, in dem er um die Entsendung von 200 Schweizern zu seinem persönlichen Schutz und zur Verteidigung des Apostolischen Palastes bat. Peter von Hertenstein gelang es, eine Truppe von immerhin 150 Soldaten zu bilden, die er unter den Oberbefehl seines Vetters Kaspar von Silenen stellte. Die „Svizzeri" begaben sich nach Rom. Dort zogen sie feierlich auf den Petersplatz, wo ihnen der Papst den Segen erteilte. Man schrieb den 21. Januar 1506 – dieses Datum markiert die offizielle Gründung der Garde. Papst Julius II. hatte somit nun eine tüchtige Leibwache. Außerdem stützte er sich bei seinen militärischen Operationen zur Wiederherstellung des Kirchenstaates besonders auf Tausende von eidgenössischen Söldnern. 1512 verlieh der Pontifex durch eine Bulle den Schweizern in Anerkennung ihrer Verdienste den Titel „Defensores Ecclesiae Libertatis", Verteidiger der Freiheit der Kirche. Und er schenkte ihnen zwei Standarten.

Seine vatikanische Garde war so oft im Einsatz, um sein Leben zu schützen, daß man das Kontingent kurz vor seinem Tod 1513 auf 300 Mann erhöhte. Auch unter dem nächsten Papst, Leo X., kämpften die Gardisten mehrfach an der Seite von Söldnern aus ihrer Heimat, so im „Krieg von Urbino" 1516, in dem der Kommandant Kaspar von Silenen sein Leben ließ. Wer sollte, nach Silenens Tod, der neue Gardechef werden? Die Wahl fiel auf den damaligen Bürgermeister von Zürich, Markus Röist. Doch er gehörte zu jenen Schweizern, die gegen den Militärdienst bei fremden Herren waren. Deshalb und wegen seines Alters (über 60) zögerte er und empfahl statt dessen als Gardehauptmann seinen Sohn Kaspar, der in der Tat das ehrenvolle Amt übernahm. Die Entwicklung der Papsttruppe wurde dann eine Zeitlang stark von den schweizerischen Ereignissen, besonders von der Reformation Ulrich Zwinglis, beeinflußt. Zwingli war ursprünglich katholischer Pfarrer von Glarus, einem Kanton, aus dem viele eidgenössische Söldner stammten. Er hatte, vor seiner geistlichen Wende, im Dienst des Papstes als Prediger an Kriegen in Italien teilgenommen und dort viel eidgenössisches Blut fließen gesehen.

Deshalb setzte er sich nach seiner Rückkehr in die Schweiz energisch gegen die Anwerbung von Söldnern für den Dienst in der Fremde ein. Und war nicht auch die Päpstliche Schweizergarde letztlich ein Söldnerkorps? Im Jahr 1527 befahl die – inzwischen protestantische – Obrigkeit von Zürich den aus dieser Stadt stammenden vatikanischen Gardisten, nach Hause zurückzukehren. Wegen der drohenden Gefahr für Rom und den Papst erklärten die Soldaten jedoch, daß sie jetzt ihren Herrn nicht im Stich lassen könnten. Auch Hauptmann Kaspar Röist blieb auf seinem Posten. Er mißachtete also den Befehl der – ausgerechnet von seinem Bruder Diethelm geleiteten – städtischen Obrigkeit. Wahrlich eine merkwürdige Familie, die Röists: Der eine Bruder ein Freund Zwinglis und aktiver Förderer der Reformation – der andere gleichzeitig im Dienst des Papstes, für den er im Kampf den Tod erlitt.

Im Frühjahr 1527 mußte die Schweizergarde ihre sicherlich schwerste Bewährungsprobe bestehen. Damals, am 6. Mai, erstürmte die beutehungrige Söldnertruppe Kaiser Karls V., hauptsächlich aus deutschen Landsknechten und Spaniern bestehend, das schwach geschützte Rom und begann eine verheerende Plünderung – sie ging als „Sacco di Roma" in die Geschichte ein. Papst Klemens VII., der durch seine schwankende Politik im Konflikt zwischen Karl V. und dem französischen König Franz I. selber zu der Tragödie beigetragen hatte, wurde von der Garde verteidigt. Sie leistete der feindlichen Übermacht heldenhaft und verzweifelt Widerstand. Die Schlacht forderte einen extrem hohen Blutzoll: 147 Schweizer starben, während sich die restlichen 42 Soldaten auf einem geheimen Fluchtweg, dem sogenannten „Passetto", mit dem Papst in die Engelsburg retteten. Der Gardekommandant Röist wurde im Gefecht verwundet und später in seiner Wohnung von nachstürmenden Feinden vor den Augen seiner Frau barbarisch niedergemetzelt.

Nach dem „Sacco di Roma" wurde der besiegte Papst Klemens zum Gefangenen des Kaisers. Er mußte sich harten Bedingungen unterwerfen. Das verbliebene, winzige Fähnlein der Schweizergarde wurde aufgelöst (wie es später noch ein paarmal geschah, wenn man die Päpste gefangennahm oder wenn sie kurzfristig Rom verlassen mußten). 200 Landsknechte übernahmen den Dienst der Svizzeri. Aber unter dem nächsten Papst, Paul III., erstand die Schutztruppe von neuem. Wobei ihm der Kanton Luzern, der stärkste Verfechter des katholischen Glaubens in der Schweiz, zu Hilfe kam. Im Frühjahr 1548 zog die neue Truppe in den Vatikan ein. Papst Pius IV. aus dem

Geschlecht der Medici war es dann, der im Jahr 1560 bestimmte, daß die Garde fortan die Medici-Farben Blau, Rot und Gelb tragen soll. Stammt der Entwurf der Uniform, wie es oft heißt, wirklich von Michelangelo? Nein. Dagegen gibt es einen Bezug zu Raffael.

Denn Raffael hat ja durch seine Malerei den Geschmack der italienischen Renaissance mitbestimmt und dadurch indirekt einen gewissen Einfluß auf die Entwicklung der Uniform ausgeübt. Auf einem Fresko in den berühmten „Stanzen" des Vatikans hat Raffael den Papst Julius II. dargestellt, umgeben von Schweizergardisten, die weite, nur bis zum Knie reichende Beinkleider tragen. Die heutige Uniform geht hauptsächlich auf das Konzept des Gardekommandanten Jules Repond (1910–1921) zurück. Details dazu erläutert Antonio Serrano in seinem vorzüglichen, viersprachigen Buch über die Schweizergarde: Nach langem Suchen und in Anlehnung an die Fresken Raffaels schaffte Repond die Hüte ab und ersetzte sie durch breite Kopfbedeckungen à la Baskenmütze, an der die Rangabzeichen befestigt sind. Repond, so schreibt Serrano, „bemühte sich auch um die Rüstungen, die er nach alten Abbildungen anfertigen ließ Nur zur Galauniform gehören die auffallende Halskrause, weiße Handschuhe, ein heller Metallhelm mit weißer Straußenfeder für den Kommandanten und den Feldwebel, mit dunkelvioletter Feder für die Offiziere, mit roter für die Unteroffiziere und Hellebardiere sowie mit gelbschwarzer auf schwarzem Helm für die Trommler und Pfeifer ..." Die Schweizergarde hatte von Anfang an eine eigene Fahne. Sie ist, ähnlich wie die Uniform, im Lauf der Zeit mehrmals geändert worden. Heute sieht sie folgendermaßen aus: Ein großes Schweizer Kreuz teilt die Fahne in vier gleiche Felder auf. Das Feld links oben an der Fahnenstange ist rot und zeigt das Wappen des jeweils amtierenden Papstes mit Tiara und Schlüsseln. Das äußere Fcld rechts unten, ebenfalls rot, zeigt das Wappen Julius' II., des Gardegründers. Die beiden übrigen Felder sind in den Medici-Farben Blau, Gelb, Rot quergestreift. Im Zentrum der Fahne, auf dem Schnittpunkt der weißen Kreuzbalken, sieht man das Wappen des jeweiligen Gardekommandanten.

Und die Bewaffnung der Svizzeri? Sie hat sich im wesentlichen seit den Anfängen nicht verändert: Hellebarde, Pike und Schwert. Wenn sich, wie es früher üblich war, der Papst auf dem Tragsessel durch die Menschenmenge transportieren ließ, so wurde der Sessel stets von sechs Schweizern begleitet, die das große Schwert mit gewellter Klinge auf der Schulter trugen. Seit dem frühen 16. Jahrhundert verfügte die Garde auch über Schußwaffen, einschließlich mehrerer Kanonen, die jedoch – soweit bekannt – nur bei feierlichen Anlässen zu Feuerwerken benutzt wurden. Mit Gewehren feuerte die Schweizergarde Ende 1848 zum letzten Mal. Damals hatte sich, im Sog der Pariser Revolution und der aufkeimenden italienischen Einigungsbewegung, beim römischen Volk eine Proteststimmung gegen Papst Pius IX. breitgemacht. Da er es ablehnte, Krieg gegen das katholische Österreich zu führen, brandmarkte man ihn als „Vaterlandsfeind". Sein Minister Pelegrino Rossi wurde im November 1848 ermordet. Der Pöbel umstellte den damals vom Pontifex bewohnten Quirinalspalast und machte Anstalten, ihn zu stürmen. Doch als die Garde das Feuer auf die Angreifer eröffnete, gab Papst Pius, wie es heißt, sogleich Order, die Gewehre zu entladen. Die Svizzeri gehorchten und verschanzten sich hinter den Mauern; der Papst floh, als einfacher Priester verkleidet, in das 150 Kilometer südlich von Rom gelegene Gaeta.

Während des Zweiten Weltkrieges stattete man die Papstsoldaten mit Maschinenpistolen aus. Denn es galt, Papst Pius XII. zu schützen. Er ging, wie später ein Vatikan-Insider berichtete, gelegentlich in den Gärten hinter dem Petersdom spazieren, und man fürchtete, Hitler wolle den Pontifex entführen und auf ein deutsches Schloß bringen lassen. Inzwischen erhielt die Truppe noch eine andere Waffe: Sprühdosen, die dem Feind Schaum ins Gesicht „schießen" und mit Tränengaszusatz außer Gefecht setzen. Die Sprühdose, verlautete 1991, „hat heute jeder Gardist im Wams dabei". Das Training mit Maschinenpistolen erfolgt auf einem Schießstand außerhalb Roms. Überdies gehört auch Judo-Ausbildung zum Programm für die Soldaten des Papstes.

Als Paul VI. nach dem Zweiten Vatikanischen Konzil daranging, alte Zöpfe in der Römischen Kurie abzuschneiden, stellte sich die Frage nach Sinn und Zweck der bewaffneten Einheiten im Vatikan. Außer den Svizzeri gab es seit über 100 Jahren nämlich noch drei weitere Korps: die aus Mitgliedern des römischen Adels bestehende, prächtig ausstaffierte *Nobelgarde*, dann die vom Bürgertum gestellte *Palatingarde* und die *Gendarmerie*. Soviel Pomp, so viele Säbel paßten absolut nicht zur Kirche des Konzils. Mit der Begründung, die religiöse Mission des Papstes solle auch im äußerlichen Bild seines Hofes zum Ausdruck kommen, löste Paul VI. im September 1970 jene drei militärischen Korps auf. Nur die Schweizer wurden nicht heimgeschickt (während aus der päpstlichen Gendarmerie die Wacheinheit „Corpo di Vigilanza" entstand). Besonders im Gedenken an den 1527 bewiesenen Opfergeist der Garde ließ der Pontifex die „Coorte Elevetica", wie sie im Päpstlichen Jahrbuch bezeichnet wird, bestehen. Wenig später, im Jahr 1971, wurde die Bewachung des Apostolischen

Palastes ausdrücklich der schweizerischen Traditionseinheit übertragen.

Auf der langen Liste der Gardekommandanten taucht, im Lauf der Geschichte, ein Familienname gleich elfmal auf: Pfyffer von Altishofen. Von 1972 an befehligte – für ein Jahrzehnt – der aus Luzern stammende Oberst Franz Pfyffer von Altishofen die Garde. Und mit seinem Namen ist eine kuriose Episode verbunden, die zwar vom Vatikan nicht bestätigt, von der italienischen Presse aber emsig kolportiert wurde. Es ging um die „Gefangennahme" von 60 italienischen Soldaten. Wie das? Der Zwischenfall ereignete sich am Abend des 24. Dezember 1974, bei der Eröffnung des Heiligen Jahres durch Papst Paul VI. im Petersdom. Die Zeremonie sollte via Fernsehen in 42 Länder übertragen werden. Für taghelle Erleuchtung der riesigen Basilika, so war's geplant, würden Stromaggregate sorgen, die der Heilige Stuhl beim Heer der Republik Italien auslieh. Die italienische Spezialeinheit rückte also an, um die Aggregate einzurichten. Doch da, so heißt es, mauerte Oberst Pfyffer von Altishofen: „Ich habe geschworen, daß ich sogar mein Leben hingäbe, um zu verhindern, daß ausländisches Militär die Grenzen des Vatikanstaates überschreitet, und daran halte ich mich", sagte der Gardekommandant, wie das Magazin „Panorama" schrieb, zu dem mit der Organisation beauftragten polnischen Kurienbeamten Andrzej Maria Deskur (damals im Bischofsrang, später Kardinal). Ein Eklat drohte.

Aufgeregt lief Deskur zum Papst und beriet mit ihm über einen Ausweg. Deskurs Vorschlag: Man könne die italienischen Elektriker-Soldaten der Form halber gefangennehmen, dann hätte der Gardekommandant wohl nichts mehr einzuwenden. Lächelnd stimmte der Montini-Papst zu. Um Ärger und Aufsehen zu vermeiden, entschied man freilich, den Italienern nichts von der Sache zu sagen. Bischof Deskur sprach sogleich mit Oberst Pfyffer von Altishofen. Der akzeptierte den Trick, bestand jedoch darauf, daß man ihm gemäß der Genfer Konvention eine genaue Liste der „Gefangenen" aushändigte. Dies geschah in aller Eile, und unter diesen Umständen (so jedenfalls „Panorama") erlaubte es der Gardekommandant, daß die italienischen Soldaten den Vatikan betraten. Die Ehre der päpstlichen Schutztruppe war gerettet. Nach der mehrstündigen Zeremonie in Sankt Peter wurden die „Gefangenen" freigelassen und kehrten zurück nach Italien. Franz Pfyffer von Altishofen erlebte, als Gardechef, übrigens jenen dramatischen 13. Mai 1981, als der türkische Fanatiker Ali Agca bei der Generalaudienz auf dem Petersplatz Papst Johannes Paul II. niederschoß und lebensgefährlich verletzte. Der Oberst erinnert sich genau: „Ein Offizier aus meiner Truppe sprang, als die Schüsse fielen, sofort auf das Auto des Papstes, um dem Heiligen Vater beizustehen. Ich hingegen sorgte dafür, daß die 40 im Einsatz befindlichen Hellebardiers die Menschenmenge unter Kontrolle hielten. Nur so blieb der Weg frei, damit das Auto mit dem schwerverletzten Papst ins Spital rasen konnte."

Hätte man das Attentat verhindern können? Vermutlich nicht. Gerade Johannes Paul II., der das „Bad in der Menge" so liebt, der immer wieder unbekümmert um die eigene Sicherheit auf die Menschen zugeht und Hände schüttelt, läßt sich nicht abschirmen, nicht hundertprozentig schützen. Ein gewisses Risiko ist stets vorhanden. Immerhin, ein paar verrückte potentielle Attentäter sind von den Schweizergardisten offenbar schon gestoppt worden. So wird ein Zwischenfall vom 7. November 1979 berichtet. Der Vizekorporal Amandus Schmid stand am Glockenportal des Vatikans Wache, als ein Italiener mit irrem Blick auf das Tor zurannte und schrie: „Ich muß den Papst töten!" Schmid sah ein Messer in der Hand des geistesgestörten Mannes blitzen. Der im Ringkampf geschulte Schweizer stellte dem Angreifer ein Bein, warf sich auf ihn und hielt ihn dann mit gezückter Pistole in Schach, bis ein Hellebardier die italienische Polizei herbeigerufen hatte.

Die 100 Schweizergardisten sind in Gruppen aufgeteilt, die sich in 24stündigem Turnus ablösen. Außer dem normalen Wach- und Kontrolldienst leisten die Svizzeri Ordnungs- und Ehrendienste (im Fachjargon: Verstellen), hauptsächlich bei den vielen Papstaudienzen. Unter dem Pontifikat des Wojtyla-Papstes hat die Zahl der „Verstelldienste" stark zugenommen. Streng wie der Dienst sind auch die Anforderungen an junge Eidgenossen, wenn sie in das Korps eintreten wollen. Die Rekruten müssen katholisch, mindestens 174 Zentimenter groß und von Geburt an Schweizer sein. Sie müssen den Militärdienst in ihrer Heimat abgeleistet haben. Selbstverständlich wird guter Leumund verlangt, weshalb die Bewerber ihrem Aufnahmegesuch die Leumundszeugnisse des zuständigen Pfarramtes und des Vorstands ihrer Wohngemeinde beizufügen haben. Die Rekruten verpflichten sich zu wenigstens zwei Dienstjahren im Vatikan. Unter bestimmten Voraussetzungen können die Mitglieder der Schweizergarde natürlich auch heiraten: Sie müssen mindestens im Rang eines Korporals stehen, dürfen nicht unter 25 Jahre alt sein, müssen wenigstens zwei Jahre Dienst geleistet haben und sich für weitere drei Jahre verpflichten. Außerdem muß eine Wohnung im Quartier der Garde (in der Città del Vaticano) für sie zur Verfügung stehen. Die früher kärgliche Besoldung der Truppe ist in letzter Zeit sehr verbessert worden. Der Grundlohn eines Hellebardiers: etwa 1700 Mark, steuerfrei. Die meisten Svizzeri wohnen in der

Gardekaserne, Quartier genannt, in unmittelbarer Nähe des Apostolischen Palastes. Damit ja kein Papstsoldat im Gammellook daherkommt, betont ein Orientierungsblatt: „Die Gardisten müssen den Dienst sauber rasiert und mit gepflegtem Haarschnitt versehen (keine Bärte, Schnäuzer und langen Haare)." Zum Korps gehört ein Gardekaplan im Rang eines Oberstleutnants, der täglich in der Gardekapelle San Martino die Messe liest; sonntäglicher Besuch dieses Gottesdienstes ist für die Papstsoldaten Pflicht.

Indes, ein in der Schweiz verbreiteter Werbeprospekt für das Korps ist auffallend „laizistisch" und flott. Hier eine Textprobe: „Hallo, junger Mann! Du bist dynamisch und modern, sportlich, geweckt und unternehmungslustig. Das Ideal eines guten Menschen belebt Dich und Du möchtest etwas Nützliches für die Gesellschaft tun. Ordnung, Respekt, Verantwortung tragen, Mut sind für Dich keine leeren Worte ... Die Geschichte vergangener Jahrhunderte und die Kultur von heute, das Zusammentreffen mit den Großen der Welt interessieren Dich. Den Horizont erweitern, etwas verschnaufen, eine günstige Ausgangslage schaffen für Deine künftige Tätigkeit, das ist Dein gegenwärtiges Vorhaben. Dann ist Dein Platz bei uns in der Päpstlichen Schweizergarde."

Dynamisch, sportlich, modern – in dieses Bild paßt, was viele Gardisten so in der Freizeit treiben. Nicht wenige von ihnen haben ein Auto, andere sind Motorrad-Freaks, die in zünftiger Lederkluft auf einer „Harley-Davidson" Ausflüge in die Umgebung Roms unternehmen. Viele Papstsoldaten pflegen das Vereinsleben; sie gehören einer Hobby-Gruppe oder gleich mehreren an. Es gibt eine Blaskapelle, einen Chor. Die Tischtennisspieler fehlen ebensowenig wie die Fußballer der Mannschaft „Guardia Svizzera", die mitunter gegen andere vatikanische und römische Teams spielt. Sogar die Hobbyfotografen in der Garde bildeten zeitweise einen Verein.

„Tapfer und treu" lautet das Motto für den Einsatz der Gardisten. Aber im Juni 1995 wandelten römische Lästerzungen dieses Motto in „Tapfer und blau" ab. Denn es war bekannt geworden, daß eine Gruppe von beschwipsten Svizzeri – peinlich für den Heiligen Stuhl und für das hohe Ansehen der Garde – nahe dem Vatikan nächtlichen Radau gemacht hatte. Was war geschehen? Nun, die Gardisten hatten in ihrer Kaserne per Fernsehen das Endspiel um die schweizerische Fußballmeisterschaft verfolgt und dabei zu tief ins Bierglas geschaut. Dann, gegen ein Uhr nachts, machten neun von ihnen einen verrückten Ausflug zur Piazza Risorgimento und zur Via dei Gracchi, wo sie über die Stränge schlugen und ein Auto sowie Reklameschilder demolierten. Ein Augenzeuge rief die Polizei. Inzwischen strebten die Rabauken, Böses ahnend, zur Porta Sant'Anna zurück. Alsbald kam es zum Kampf mit den „poliziotti". Angeblich wollten die (auch betrunken noch sehr kräftigen) Papstsoldaten einen Sergeanten als Geisel nehmen, doch schließlich siegte die Polizei. Sie schleppte zwei besonders ungestüme Schweizer ins nahe Kommissariat und zeigte sie wegen Widerstands gegen die Staatsgewalt und Sachbeschädigung an. Mitten in der Nacht mußte der Vizekommandant der Garde die beiden blauen schwarzen Schafe bei der Polizei abholen. Daß der Zwischenfall ein internes Nachspiel bei der Truppe hatte, darf man annehmen. Wurden die beiden Sündenböcke aus der Garde gefeuert? Offenbar nicht. Strengstens ermahnt wurden sie sicherlich. Vatikanprälaten breiten den Mantel der Nachsicht über die Episode: Auch die Papstsoldaten, alles junge Leute, seien halt nur Menschen ...

Rund zwei Drittel der Hellebardiers kehren nach zweijähriger Dienstzeit in die Schweiz zurück, wo sie solide, sichere Posten – etwa als Polizisten oder Zollbeamte – finden. Ein Drittel hingegen verpflichtet sich zu weiterer Tätigkeit in der Garde. Diese Svizzeri haben die Chance, zum Vizekorporal und später zum Korporal befördert zu werden. Irgendwann quittieren aber doch die meisten von ihnen den Dienst und reisen heim nach „Helvetia". So mancher bleibt jedoch hängen in Rom. Und daran ist nicht der Papst schuld, sondern zumeist eine Rosa, Anna oder Fiorella – sprich: eine attraktive Italienerin.

12. KAPITEL

Juwelen der Weltkunst:
Die Vatikanischen Museen

Vatikan – dazu gehören last not least die Museen, eine der bedeutendsten Kunstsammlungen der Welt. Obgleich sie einen wesentlichen Teil der vatikanischen Paläste einnehmen, kommen wir erst zum Schluß unseres Büchleins auf die „musei" zu sprechen. Warum? Weil sie sich schwer in einen Rundgang durch den Vatikan einfügen lassen: Der Eingang zu den Kunstsammlungen liegt außen, an der Nordseite der vatikanischen Mauern, etwa zehn Minuten vom Sankt-Anna-Tor entfernt. Vor dem Portal, das in den Abhang des vatikanischen Hügels eingegraben ist, bilden sich oft lange Menschenschlangen. Aber keine Bange, es geht zügig voran. Außerdem: Wer die Schlange vermeiden will, kann am Petersplatz einen Pendelbus nehmen, der sozusagen hintenherum, durch die Vatikanischen Gärten fährt und die Besucher direkt vor die (hoch über dem Portal liegende) Schalterhalle des Museums bringt.

Die „musei" umfassen ganz verschiedene Gebäudekomplexe mit einer Ausstellungsfläche von insgesamt 42.000 Quadratmetern. Zeugnisse der ägyptischen und der etruskischen Kultur, der griechischen und der römischen Antike, Gemälde aus der Renaissance, aber auch Beispiele der modernen religiösen Kunst und obendrein die Bibliothek. Wer alles besichtigen möchte, müßte mehr als sieben Kilometer zurücklegen. Wegen der Entfernungen und der großen Besucherzahl hat man einen Einbahnverkehr festgelegt. Die Museumsleitung hat vier verschiedene Rundgänge ausgearbeitet (und durch entsprechende farbige Kennbuchstaben markiert), unter denen man – je nach Zeit und persönlichem Interesse – auswählen kann. Zu empfehlen wäre der Rundgang C, Farbe grün, der dreieinhalb Stunden erfordert. – Wir können hier nur wenige Stichworte geben, müssen eine äußerst knappe Auswahl wichtiger Kunstwerke treffen. Lediglich die Restaurierung der Sixtinischen Kapelle wird, weil sie aktuelles Interesse weckte und Streit auslöste, etwas ausführlicher behandelt.

Eigentliche Keimzelle des Museums ist der Innenhof des *Belvedere-Palastes*. Dort nämlich ließ Papst Julius II. im Jahr 1503 einige antike Statuen aufstellen. Nach diesem Ort ist denn auch der berühmte *Apoll vom Belvedere* benannt, ein vermutlich in der römischen Kaiserzeit um 130–140 n. Chr. entstandenes, nach einem griechischen Original geschaffenes Marmorbildnis. In der ausgestreckten Linken trug Apoll seinen Bogen, in der gesenkten Rechten vermutlich einen Pfeil aus seinem Köcher. Von den Schultern hängt ein Mantel herab. Ein strahlender, leicht dahinschreitender Gott. „Die Statue des Apollo", meinte Johann Joachim Winckelmann, „ist das höchste Ideal der Kunst unter allen Werken des Altertums, welche der Zerstörung entgangen sind."

Ebenfalls im Belvedere-Hof, der seit einem Umbau Cortile Ottagono heißt, steht die *Laokoon-Gruppe*, die man 1506 in einem Weinberg nahe dem römischen Hügel Esquilin fand. Die aus Rhodos stammende Marmorgruppe, ein Meisterwerk des Hellenismus, zeigt den trojanischen Priester Laokoon nebst seinen beiden Söhnen im Überlebenskampf mit zwei gewaltigen Schlangen. Als man die Statue in Rom entdeckte, fehlte der erhobene rechte Arm des Laokoon – er wurde 1905 gefunden und bei der letzten Restaurierung angefügt. Sehenswert sind im Cortile

Ottagono im übrigen drei um 1800 geschaffene Statuen von Antonio Canova. – Der Belvedere-Hof ist Teil des *Museo Pio-Clementino*, ebenso wie (beispielsweise) ein Saal in Form eines griechischen Kreuzes. Dort beeindruckt, im rechten Kreuzarm, der reich mit Figuren geschmückte *Porphyrsarg* der Konstantia, der Tochter Kaiser Konstantins. Den Sarkophag seiner Mutter, der heiligen Helena, sehen wir im linken Kreuzarm. Am Ausgang des Saals lagern zwei granitene Sphinxe aus der römischen Kaiserzeit.

Zu den „Juwelen" der Museen gehören zweifellos die *Stanzen Raffaels*. Wie kamen sie zustande? Nun, der kunstsinnige Papst Julius II. wollte verschiedene Räume (Stanzen) über dem Appartamento Borgia ausmalen lassen, die er als seine Privatgemächer auserkor, weil er vier Jahre nach seiner Krönung nicht länger im Appartement des sittenlosen Borgia-Papstes Alexander VI. wohnen wollte. Der Auftrag erging 1508 an den jungen Raffaele Sanzio, der sich exzellente Gehilfen holte. In den Stanzen, schreibt Reinhard Raffalt in seiner „Sinfonia Vaticana", regiert Raffael. „Wände und Decken dieser ‚Zimmer' hat er mit Fresken überzogen, so ohne Beispiel in ihrer Herrlichkeit, daß wir fast selbstverständlich annehmen, die Räume seien nur gebaut, um ihre Flächen seinem Pinsel darzubieten. Wer denkt noch daran, daß hier die Wohnung eines Papstes war? Längst ist zerstört oder entfernt, was sonst davon erzählen könnte: die intarsierten Holzverkleidungen vom Boden bis unter die Gemäldeleiste, die reichen Tische und Sessel, die Leuchter und Schreibzeuge aus Silber ... dazu die orientalischen Teppiche und Seidenstoffe, die Lesepulte – keine Lebensspur blieb übrig von den Menschen, die sich in solchen Gemächern wohlgefühlt haben. Was Raffael malte, beherrscht heute unser Auge und unseren Geist. Als es entstand, sollte es nur der inspirative

Rahmen sein für die Gedankenflüge eines stürmischen Auftraggebers ..."

Zunächst, drei Jahre lang, schmückte der Künstler die *Stanza della Segnatura* aus, das Studierzimmer des Papstes. An der Eingangsseite das Fresko *Disputa del Sacramento*, das auch den Titel „Triumph der Religion" tragen könnte: Oben, im Paradies, Gottvater, Christus, Maria und Johannes der Täufer; seitlich über den Wolken mehrere Heilige abwechselnd mit Gerechten des Alten Testaments. Unten auf Erden, beiderseits vom Altar, auf dem im Mittelpunkt der ganzen Bildkomposition eine Monstranz steht, verehren Päpste und Theologen das Sakrament der Eucharistie. Rechts außen der mit Lorbeer bekränzte Dichter Dante. Auf diesem Fresko hat sich übrigens, während der Plünderung Roms 1527, ein antipäpstlicher Schmierfink verewigt: Er kritzelte ein Hoch auf Luther und eines auf Karl V. hin. An der Wand gegenüber malte Raffael – als Verherrlichung der weltlichen Wissenschaft – die *Schule von Athen*. Eine Schar von Denkern der Antike, manche mit den Zügen von berühmten Zeitgenossen Raffaels, schlendert diskutierend durch den weiten Raum einer an die damals neuerbaute Peterskirche erinnernden Basilika. Man sieht Platon und Aristoteles sowie Sokrates mit Stupsnase, Heraklit (Michelangelo) und Euklid (Bramante). Ganz rechts hat sich Raffael halb verdeckt selbst dargestellt.

Nach der Stanza della Segnatura schmückte der geniale Renaissance-Künstler von 1512–1514 die *Stanza d'Eliodoro* aus, das Vorzimmer der Papstgemächer. Hier zeigt sich die malerische Ausdruckskraft Raffaels besonders deutlich. Benannt ist der Raum nach dem Fresko *Heliodors Vertreibung aus dem Tempel*. Mit der Wahl dieser Szene aus dem Alten Testament wollte Raffaels Auftraggeber, Julius II., der selber am linken Bildrand dargestellt ist, auf seine eigene

Politik zur Vertreibung der Usurpatoren aus der Kirche an-spielen. In einem weiteren Meisterwerk dieses Raums, der *Messe von Bolsena,* schildert Raffael ein Wunder aus dem Jahr 1263, auf das man das Fronleichnamsfest zurückführt. Andere Fresken stellen die Befreiung Petri aus dem Kerker sowie die Begegnung Leos des Großen mit Attila dar. Nur kurz erwähnt seien die beiden übrigen der vier Stanzen: die *Sala dell'Incendio del Borgo* und jene *Sala di Costantino,* die nach Entwürfen Raffaels, aber größtenteils erst nach seinem frühen Tod (1520) von seinen Schülern ausgemalt wurde.

Von den Stanzen Raffaels aus erreichen wir nun die *Sixtinische Kapelle,* die – als künstlerischer Höhepunkt – einerseits zu den Vatikanischen Museen gehört, anderer-seits aber auch in der Kirchengeschichte erhebliche Bedeu-tung hat: In der „Sixtina" findet ja, nach dem Tod eines Pontifex, das Konklave zur Wahl des neuen Papstes statt. Sixtus IV. hatte die (nach ihm benannte) Kapelle bauen lassen. Im Jahre 1508 beauftragte Julius II. den Toskaner Michelangelo Buonarroti, das Deckengewölbe und die Lü-netten auszuschmücken. An der Decke schuf der Maestro das Fresko *Die Schöpfung.* Man kann nur ahnen, in welch körperlich qualvoller Position, stets den Kopf im Nacken, Michelangelo da jahrelang auf dem Gerüst arbeiten mußte. „Ich habe die Kapelle fertiggemalt, der Papst wird zufrie-den sein", schrieb der Künstler 1512 lakonisch an seinen Vater. Julius II. war mehr als zufrieden: Er erkannte, daß es sich um ein Meisterwerk handelte. An der Einweihung der neu ausgeschmückten Kapelle, am Vorabend von Allerheiligen 1512, konnte Michelangelo, krank vor Er-schöpfung, nicht teilnehmen. Die Römer huldigten seinem Genie. Und 24 Jahre später begann er, auf Drängen von Papst Paul III., abermals in der „Sixtina" zu arbeiten, an der Altarwand. Er wollte der an der Decke gezeigten Erschaffung der Welt nun deren Ende entgegensetzen, jenes *Jüngste Gericht*, in dem Christus als Weltenrichter erscheint und die Gerechten zu sich ruft, die Verdammten aber in die Hölle schickt.

1541 beendete der Maestro das 180 Quadratmeter große Werk, das zum berühmtesten Fresko der Weltkunst wurde. Der Zeremonienmeister des Papstes empörte sich: Die vielen nackten Gestalten auf dem Wandgemälde würden vielleicht in eine Kneipe oder ein Bad passen, nicht aber für eine apostolische Kapelle! Und das gegenreformatorische Konzil von Trient trieb den Kunstpuritanismus auf die Spitze, indem es die Verhüllung der Nackten befahl. Folglich erhielt 1564 Daniele da Volterra den Auftrag, die „nudi" von Michelangelo zu verhüllen: Er malte Schamtücher über die Blößen von 38 Figuren. Auch in späterer Zeit erfolgten kleine Übermalungen und obendrein noch schlampige Teilrestaurierungen. Nach und nach legten sich Schichten aus Kerzenruß, Weihrauch und Staub auf die Fresken. Eine Patina entstand – merkwürdig genug, daß man weithin glaubte, sie sei Michelangelos Absicht gewesen.

Die Fresken haben später immer wieder Bildungsreisende, Künstler und Poeten – gerade auch aus dem deutschen Sprachraum – tief beeindruckt. Goethe schrieb Ende November 1786, angesichts von Michelangelos „Jüngstem Gericht", in das Tagebuch seiner Italienischen Reise: „Ich konnte nur sehen und anstaunen; die innere Sicherheit und Männlichkeit des Meisters geht über allen Ausdruck." Zwei Wochen später notierte der Dichterfürst in Rom: „So hat zum Beispiel das Pantheon, der Apoll von Belvedere und neuerlich die Sixtinische Kapelle so mein Gemüt erregt, daß ich daneben fast nichts mehr sehe. Wie will man sich aber, klein wie man ist und ans Kleine gewohnt, diesem Edlen, Ungeheuren, Gebildeten gleichstellen?"

In den siebziger Jahren beschloß der Vatikan, die Fresken Michelangelos gründlich zu säubern, und zwar mit modernsten Methoden, die man schon bei den Werken anderer Renaissance-Künstler erprobt hatte. 1981 begann, was Experten später als die „Jahrhundert-Restauration" bezeichnen sollten. Techniker des Vatikans konstruierten ein bewegliches, mehrstöckiges Gerüst, auf dem Restauratoren ans Werk gingen. Die Stahlträger steckten in Mauerlöchern, die schon Michelangelo für seine Holzplattform benützt hatte. Da der Vatikan die kostspieligen Arbeiten nicht finanzieren konnte, suchte er Geldgeber. Wichtigster Sponsor wurde schließlich eine Fernsehgesellschaft ausgerechnet aus Japan: Für rund 4 Millionen Dollar erhielt sie die Exklusivrechte für Filme und Fotos von der Restaurierung in der „Sixtina". Die Säuberung der Deckenfresken unter Leitung des vatikanischen Chef-Restaurators Gianluigi Colalucci machte schnelle Fortschritte. Dabei wandte man Techniken an, die sich bei dem Fresko von Stelle zu Stelle leicht änderten – je nach der Malweise Michelangelos und derer, die ihn „überpinselt" hatten.

Dennoch gab es eine Hauptmethode. Zunächst wurden die labilen Farbpigmente mit Acrylharzen und anderen chemischen Substanzen gefestigt. Dann wurde die Schmutzschicht aus Ruß, Fett, Leim und Staub mit einer Speziallösung und einem pilzabtötenden Mittel beseitigt. Meist benutzten die Experten dabei das neue, starke Lösungsmittel AB-57. Um sicherzustellen, daß AB-57 nicht die Farbsubstanz angreift, wurde die Tinktur jeweils nach drei Minuten wieder abgewischt. Die Wirkung war verblüffend – unter der Schmutzschicht aus beinahe fünf

Jahrhunderten kam ein neuer, farbkräftiger Michelangelo ans Licht. Wer von früheren Besuchen in der Kapelle Michelangelo als einen Maler des Halbdunkels, der marmorgrauen Farbschleier in Erinnerung hatte, mußte sich eines Besseren belehren lassen. Stahlblau und Blutrot, Azurblau und Türkis, Lila, Orange, Gelb und Grün: Das Deckenfresko und die Lünetten leuchteten. Doch gerade diese „neuen", kühnen Farben riefen Kritik hervor. In einer Unterschriftensammlung protestierten vornehmlich amerikanische Künstler, darunter Andy Warhol, bei Papst Johannes Paul II. gegen das angeblich zu radikale Vorgehen der Freskosäuberer. „Was wir jetzt sehen, spricht die Sprache von 1990, nicht die des 16. Jahrhunderts. Man hat ein Renaissance-Werk restauriert, das nun wie Pop-Art, wie Farbfernsehen wirkt", wetterte – maßlos übertreibend – der Kunsthistoriker James Beck. Und der italienische Maler Toti Scialoja empörte sich, die restaurierten Figuren des Freskos wirkten beinahe wie aus einem Walt-Disney-Film, weich und aufgebläht wie aus Plastik.

„Wird Michelangelo kaputtrestauriert?" Auf diese polemische Frage antwortete Dr. Colalucci energisch. „Nein, Gott bewahre, wir gehen mit größter Vorsicht zu Werke. Wir säubern das Fresko, aber wir verändern es absolut nicht." Der gleichfalls an den Arbeiten beteiligte Fabrizio Mancinelli von den Vatikanischen Museen unterstrich, die Farben seien nun wieder so, wie sie ursprünglich waren: glühend, violent, fast aggressiv. Eine 1990 im Vatikan organisierte Ausstellung mit dem Titel „Michelangelo und die Sixtinische Kapelle – Technik, Restauration und Mythos" diente nicht zuletzt dem Zweck, die von Colaluccis Team geleistete Arbeit am Deckenfresko zu rechtfertigen. Etwa zur gleichen Zeit begann die Säuberung des „Jüngsten Gerichts". Auch bei diesem Wandgemälde hatte Michel-

138

angelo, der sich ursprünglich eher als Bildhauer denn als Maler verstand, Kategorien der Skulptur auf die gemalte Figur übertragen, weshalb die 391 Gestalten auf dem riesigen Wandgemälde durchwegs plastisch wirken. 1994 war die Restaurierung abgeschlossen: Das berühmteste und meistdiskutierte Fresko der Weltkunst erstrahlte in kräftigen Farben. Es war, als sei das Meisterwerk aus langer Verdunkelung auferstanden – ein Farbenfest im Vatikan.

Inzwischen ist die Kritik an der Säuberung verstummt. Fachleute, die sich das gereinigte „Jüngste Gericht" ansahen, waren des Lobes voll. Die leuchtenden Farben, hieß es, entsprechen dem wahren Temperament Michelangelos. Der große Toskaner und sein „Jüngstes Gericht" machen auf eindrucksvolle Weise deutlich, daß die Renaissance nicht bloß Neubesinnung auf die klassische Ästhetik war, sondern daß sie auch Leidenschaft, Drama, Revolte bedeutete. Die von Michelangelo nackt gemalten und später mit keuschen Schleiern bedeckten Gestalten wurden übrigens bei der Restaurierung nur zu einem Teil in den Urzustand zurückversetzt. So blieben die heilige Katharina und der heilige Blasius „bekleidet". Warum? Weil Daniele da Volterra die originalen Freskobilder beider Figuren an der Altarwand weitgehend abgeschlagen hat. Eine pingelige Restauration hätte somit Unsinn produziert: einen großen weißen Fleck. Etwa zwei Dutzend aufgemalte Schamtücher hat man absichtlich, weil sie zur Geschichte des Freskos gehören, belassen. Lächerliche Zutaten, gewiß. Aber sie können den überwältigenden Eindruck des genialen Kunstwerks nicht stören.

Exterritoriale Besitzungen des Vatikans

Die folgende Liste enthält nur eine knappe Auswahl. Die erwähnten drei Basiliken gehören zum Besuchsprogramm unzähliger Rom-Touristen und Pilger; die drei Palazzi können nur „von außen" besichtigt werden.

BASILIKA SAN GIOVANNI IN LATERANO

Sie ist die eigentliche Bischofskirche des Papstes; der angrenzende *Lateranpalast* (oder genauer: dessen Vorgänger) war bis ins 14. Jahrhundert Residenz der Päpste. Die heutige Gestalt der Basilika stammt im wesentlichen aus der Barockzeit. Aber die Baugeschichte reicht bis ins Jahr 313 zurück, als Kaiser Konstantin dem Papst Miltiades ein weitläufiges Gelände schenkte, das einst der Familie Lateranus (daher der Name) gehört hatte. Dort wurde eine dem Erlöser geweihte Kirche errichtet. Im Lateran fanden fünf Konzilien statt. Im Mittelalter erhielt das Gotteshaus die Schutzpatrone Johannes den Täufer und Johannes den Evangelisten und folglich den neuen Namen San Giovanni. Die Hauptfassade ist ein spätbarockes Meisterwerk von A. Galilei; das fünfschiffige Innere hat F. Borromini für das Heilige Jahr 1650 gestaltet. In der Basilika befinden sich Grabmäler für verschiedene Päpste. Seitlich grenzt das *Baptisterium* an, die älteste Taufkirche der Christenheit.

Gegenüber dem Lateran liegt die Kirche der *Scala Santa*, zu der die Heilige Treppe gehört: 28 Stufen, die laut Überlieferung aus dem Palast des Pilatus in Jerusalem stammen.

BASILIKA SANTA MARIA MAGGIORE

Sie ist die bedeutendste unter den rund 80 römischen Marienkirchen. Ihre Gründung geht auf eine Legende zurück: Dem Papst Liberius und dem reichen Patrizier Johannes sei in einer Augustnacht des Jahres 352 die Muttergottes erschienen und habe sie beauftragt, genau dort eine Kirche zu errichten, wo am nächsten Morgen (im August!) Schnee fallen werde; tatsächlich habe es dann auf dem Esquilin-Hügel geschneit, und Liberius ließ mit dem Geld des Johannes an diesem Platz ein Gotteshaus errichten. Im Lauf der Jahrhunderte hat man Santa Maria Maggiore immer wieder umgebaut und erweitert. Für die vergoldete *Kassettendecke* wurde angeblich das erste aus Amerika herbeigeschaffte Gold verwendet. Ein Meisterwerk ist jenes aus dem 13. Jahrhundert stammende *Apsismosaik*, das die Krönung Mariens darstellt. In einer Seitenkapelle werden die Reliquien der „Krippe von Bethlehem" gezeigt.

BASILIKA SAN PAOLO FUORI LE MURA

Sie wurde der Überlieferung zufolge über der Grabstätte des heiligen Paulus errichtet, deshalb kann sie als die nach Sankt Peter wohl wichtigste Kirche der Christenheit gelten. Sankt Paul vor den Mauern (so der deutsche Name) ging aus einer Kapelle hervor, die Kaiser Konstantin zur Erinnerung an den im Jahr 67 in Rom enthaupteten Apostel hatte anlegen lassen. Bis zum Bau des Petersdomes war „San Paolo" die größte christliche Kirche überhaupt. 1823 zerstörte ein Brand das Gotteshaus weitgehend. Der im Jahre 1854 abgeschlossene Wiederaufbau lehnt sich an das Vorbild der ursprünglichen Kirche an. Zur Ausstattung von Sankt Paul gehören auch einige bedeutende Kunstwerke, so das 1285 geschaffene *Ziborium* über dem Papstaltar. Oben an den Wänden sieht man eine Reihe von *Porträtmedaillons* aller Päpste von Petrus bis heute. Das mit der Basilika verbundene Benediktinerkloster hat einen *Kreuzgang*, den vorzügliche Mosaikkünstler schufen. Sankt Paul ist ebenso wie Sankt Peter, San Giovanni in Laterano und Santa Maria Maggiore eine der sieben Pilgerkirchen Roms, zu denen außerdem noch Santa Croce in Gerusalemme, San Sebastiano und San Lorenzo fuori le Mura gehören.

PALAZZO DEL SANT'UFFIZIO

Dieser links hinter den Kolonnaden des Petersplatzes gelegene Palast ist der Sitz der Glaubenskongregation, die aus der Kongregation des „Heiligen Offiziums" hervorging. Ursprünglich hatte der Kardinal Lorenzo Pucci im frühen 16. Jahrhundert den Palazzo für sich errichten lassen, für dessen Fassade er angeblich eine Zeichnung von Michelangelo erhielt. 1566 kaufte Papst Pius V. das unvollendete Gebäude, ließ es fertigstellen und übergab es dem Sant'Uffizio, der Inquisitionsbehörde, die später dort auch einen Kerker einrichtete. Im 19. und frühen 20. Jahrhundert wurde der Palast mehrfach umgebaut und restauriert.

PALAZZO DI PROPAGANDA FIDE

Er liegt im Stadtzentrum, genauer: am Spanischen Platz, der wegen der Spanischen Treppe berühmt ist. In dem Palast hat die für die Mission und die Missionsgebiete zu-

ständige „Kongregation für die Verbreitung des Glaubens"
(einst: Propaganda Fide) ihren Sitz. Papst Urban VIII. hat
den schönen Barockpalast durch die Baumeister Bernini
und Borromini errichten lassen.

PALAZZO DELLA CANCELLERIA

Dieser prächtige Renaissancebau am Corso Vittorio Ema-
nuele beherbergt die drei päpstlichen Gerichtshöfe: die
Apostolische Pönitentiarie, die Apostolische Signatur und
die Römische Rota (letztere ist zuständig für Ehe-Annullie-
rungen). Die Cancelleria wurde von 1483 bis 1517, zum Teil
mit Travertinsteinen aus dem Kolosseum, errichtet. Sehenswert sind der Hof, dessen 44 antike Säulen aus der alten
Kirche San Lorenzo in Damaso stammen, und der „Saal
der Hundert Tage", den Vasari 1546 in genau diesem Zeit-
raum ausgemalt hat.

CASTEL GANDOLFO

Hier, südlich von Rom und hoch über dem Albaner-See,
befindet sich die Sommerresidenz der Päpste, die hier gelegentlich Audienzen geben. Das kleine Städtchen liegt an
der Stelle des antiken Alba Longa, das der Sage nach von
Ascanius, dem Sohn des Äneas, gegründet wurde. Seinen
heutigen Namen erhielt der Ort nach einem mittelalterlichen Schloß der Familie Gandolfi. Auf dessen Trümmern
ließ Urban VIII. ab 1624 den *Palazzo Papale* errichten, der
unter späteren Päpsten erweitert und restauriert wurde. In
Castel Gandolfo befindet sich auch die Vatikanische Sternwarte.

Weitere Sehenswürdigkeiten für Rompilger

KATAKOMBEN

Die unterirdischen Grabanlagen, die man vor den Toren des antiken Rom in den weichen Tuffstein grub, dienten zunächst sowohl heidnischen wie christlichen Römern als letzte Ruhestätte. Inwieweit sie den Christen während der Verfolgungen gelegentlich auch als Zufluchtsort dienten, ist umstritten. Mit der Ausbreitung der neuen Religion im 2. und 3. Jahrhundert erhielten die mehrstöckigen Katakomben ein vorwiegend christliches Gepräge, auch deshalb, weil die Gläubigen für die Trauer- und Gedächtnisgottesdienste kleine Kapellen bauten.
Die wichtigsten Anlagen:

Domitilla-Katakomben (an der Via delle Sette Chiese): Diese Katakomben sind der wohl ausgedehnteste unterirdische Friedhof Roms. Dazu gehört eine über Märtyrergräbern errichtete, unterirdische Basilika.
Nicht weit entfernt, an der Via Appia, befinden sich die

Calixtus-Katakomben: Darin wurden die meisten römischen Bischöfe (Päpste) des 3. Jahrhunderts bestattet. Die vierstöckige Anlage besteht aus einem Netz von Gängen und Grabkammern; in sechs Kapellen sind frühchristliche Malereien zu sehen.
Ein Stück weiter, ebenfalls in der Via Appia, liegen die

Katakomben von San Sebastiano: Die darüberliegende gleichnamige Kirche hieß ursprünglich Basilica Apostolorum, weil laut Legende hier vorübergehend die Gebeine von

Petrus und Paulus bestattet waren. Im 9. Jahrhundert hat man die Kirche dem Märtyrer Sebastian geweiht. Bei Ausgrabungen unter dem Gotteshaus entdeckte man neben Resten römischer Wohnhäuser die christlichen Gräber. Zahlreiche Inschriften bezeugen die Symbolsprache des frühen Christentums.

ENGELSBURG

Der gewaltige Bau am rechten Tiberufer, ursprünglich Mausoleum des Kaisers Hadrian und seiner Nachfolger, wurde im 3. Jahrhundert zur Festung ausgebaut. Sein heutiger Name Castel Sant'Angelo geht auf die Legende zurück, nach der im Jahr 590 Papst Gregor der Große über der Burg den Erzengel Michael erscheinen sah, der ihm das Ende der damals wütenden Pest ankündigte. Der bronzene Engel an der Burgspitze erinnert daran. Seit dem 13. Jahrhundert ist die Festung durch eine Mauer, in der ein Gang verläuft, mit dem Vatikanischen Palast verbunden. Mehrere Päpste suchten in höchster Gefahr Zuflucht in der Engelsburg, so Klemens VII. bei der Plünderung Roms 1527 (Sacco di Roma). Seit 1925 ist das immer wieder umgebaute Castel Sant'Angelo ein Museum.

Nützliche Informationen
für Vatikanbesucher

Auskünfte erteilt das *Informationsbüro für Pilger und Touristen*, das sich auf dem Petersplatz, links vom Eingang zum Dom, befindet. Dort werden auch Führungen durch die Vatikanischen Gärten organisiert. Das Büro weist ausdrücklich darauf hin, daß „der Zugang zur Vatikanstadt nur Personen gestattet ist, die angemessen gekleidet sind". Tel. (06) 68984466 und 69884866.

Petersdom
Geöffnet von April bis September täglich von 7 bis 19 Uhr, von Oktober bis März von 7 bis 18 Uhr. Eintritt frei.

Kuppel des Petersdoms
Besichtigung von April bis September täglich von 8 bis 18 Uhr, von Oktober bis März von 8 bis 17 Uhr. Man erreicht zu Fuß oder per Fahrstuhl den in 43 Metern Höhe liegenden inneren Balkon der Kuppel. Von hier aus kann man über teilweise sehr steile Treppen zur Aussichtsterrasse in 120 Metern Höhe hinaufsteigen. Eintrittskarte einschließlich Fahrstuhlgebühr: 6000 Lire.

Nekropole und Petrusgrab
Besichtigung nur im Rahmen einer etwa einstündigen Führung. Es gibt Führungen, je nach Bedarf, in verschiedenen Sprachen. Anmeldung möglichst einige Tage vorher im *Ufficio Scavi*, dem Ausgrabungsbüro, das man vom Petersplatz aus durch den Glockenbogen erreicht (siehe Karte der Vatikanstadt).
Tel. (06) 69885318.
Kosten: 10.000 Lire.

Vatikanische Gärten
Besichtigung ebenfalls nur durch Teilnahme an einer Gruppenführung, die zum Teil per Bus erfolgt. Anmeldung im eingangs erwähnten Informationsbüro. Busabfahrt dort jeweils um 10 Uhr. Zwischen März und Oktober zweistündige Führungen an jedem Werktag, ausgenommen Mittwoch und während päpstlicher Zeremonien; von November bis Februar Führungen lediglich an Samstagen, ausgenommen während päpstlicher Zeremonien.
Kosten: 18.000 Lire.

Vatikanische Museen einschließlich der Sixtinischen Kapelle
Geöffnet an Werktagen von 8.45 bis 13 Uhr. Vom 1. April bis 14. Juni sowie vom 2. September bis 31. Oktober längere Öffnungszeit, und zwar Montag bis Freitag von 8.45 bis 16 Uhr.
Eintrittspreis: 15.000 Lire.
Am letzten Sonntag eines jeden Monats freier Eintritt. Den Eingang zu den Museen an der Viale Vaticano erreicht man zu Fuß vom Petersplatz in etwa 10 Minuten. Man kann aber auch einen Pendelbus vom Informationsbüro aus benützen (siehe Karte der Vatikanstadt und 12. Kapitel).

Papst-Audienzen
Zur Teilnahme an der Generalaudienz, jeweils am Mittwoch, sowie an den vom Pontifex zelebrierten Feierlichkeiten benötigt man Einladungskarten. Diese werden gratis von der *Präfektur* des Päpstlichen Hauses verteilt, und zwar werktags von 9 bis 13 Uhr. Eingang zur Präfektur vom Petersplatz aus durch das Bronzetor rechts hinter den Kolonnaden.

LITERATURAUSWAHL
Aufgenommen wurden nur
deutschsprachige Veröffentlichungen

ANDREOTTI, Giulio: Meine sieben Päpste. Freiburg 1982.

ARBEITER, Achim: Alt-St. Peter in Geschichte und Wissenschaft. Berlin 1988.

BENZ, Hartmut: Finanzen und Finanzpolitik des Heiligen Stuhls. Stuttgart 1993.

BERGENGRUEN, Werner: Römisches Erinnerungsbuch. Freiburg 1986.

DORN, Luitpold A.: Der Papst und die Kurie. Freiburg 1989.

GATZ, Erwin: Anton de Waal (1837–1917) und der Campo Santo Teutonico. Rom 1980.

GOETHE, Johann Wolfgang von: Italienische Reise. 2 Bände. Frankfurt a. M. 1976.

GREGOROVIUS, Ferdinand: Römische Tagebücher 1852–1899. München 1991.

GUARDUCCI, Margherita: Petrus, sein Grab, sein Tod. Regensburg 1975.

KASCHNITZ, Marie Luise: Engelsbrücke. Römische Betrachtungen. München 1975.

KIRSCHBAUM, Engelbert: Die Gräber der Apostelfürsten. Frankfurt a. M. 1957.

SEPPELT, Franz Xaver/SCHWAIGER, Georg: Geschichte der Päpste. München 1964.

RAFFALT, Reinhard: Sinfonia Vaticana. München 1985.

SERRANO, Antonio: Die Schweizergarde der Päpste. Dachau 1992.

STEHLE, Hansjakob: Geheimdiplomatie im Vatikan. Die Päpste und die Kommunisten. Düsseldorf 1993.

SZULC, Tad: Papst Johannes Paul II. Die Biographie. Stuttgart 1996.

TROST, Ernst: Der Papst aus einem fernen Land. Johannes Paul II. und seine Kirche. Wien 1979.

WEGAN, Martha: Ehescheidung möglich? Auswege mit der Kirche. Graz 1993.

WEILAND, Albrecht: Der Campo Santo Teutonico in Rom und seine Grabdenkmäler. Rom 1988.

PERSONEN- UND SACHREGISTER

151

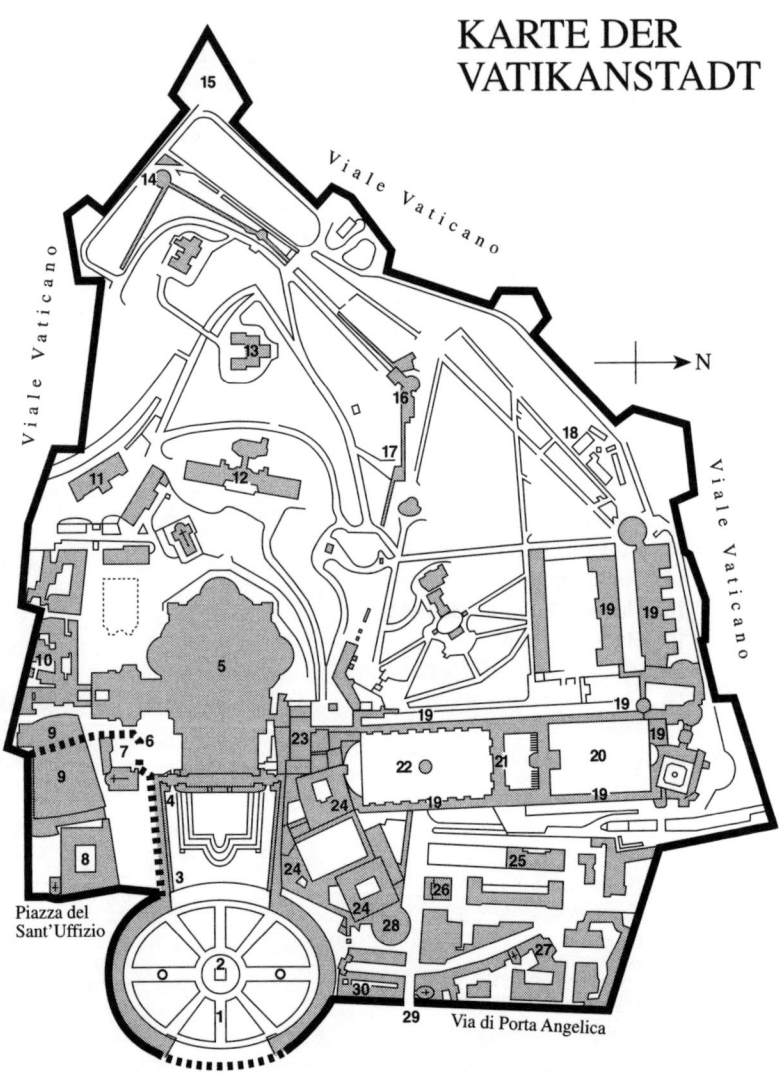

KARTE DER VATIKANSTADT

Die punktierte Linie links markiert den Grenzverlauf des Vatikanstaates, der an dieser Stelle mit dem der Vatikanstadt nicht identisch ist (siehe dazu Seite 45 und Seite 58).

1 Petersplatz
2 Obelisk
3 Informationsbüro
4 Arco delle Campane
  (Zugang zur Nekropole unter St. Peter,
  zum Campo Santo Teutonico und zu den Gärten)
5 Petersdom
6 Eingang zum Campo Santo Teutonico
  (Friedhof der Deutschsprachigen und Flamen)
7 Campo Santo Teutonico
8 Palazzo del Sant'Uffizio
  (Sitz der Glaubenskongregation)
9 Päpstliche Audienzhalle
10 Hospiz Santa Marta
11 Bahnhof
12 Gouverneurspalast
  (Verwaltungsgebäude der Vatikanstadt)
13 Äthiopisches Priesterkolleg
14 Johannesturm
15 Hubschrauberlandeplatz
16 Radio Vatikan
17 Kloster Mater Ecclesiae
18 Fragment der Berliner Mauer
19 Vatikanische Museen
20 Cortile della Pigna
21 Vatikanische Bibliothek
22 Cortile del Belvedere
23 Sixtinische Kapelle
24 Apostolischer Palast
25 Supermarkt Annona
26 Postamt
27 Osservatore Romano
28 Vatikanbank IOR
29 Tor bei St. Anna
30 Kaserne der Schweizergarde

Zum
BILDTEIL